ミラクルラブリー♥

感《かん》動《どう》のどうぶつ物《もの》語《がたり》

涙《なみだ》は宝《たから》物《もの》

編著♥青空　純

西東社

青空純物語《あおぞらじゅんものがたり》

第《だい》1話《わ》 ようこそ! コロロ

愛犬《あいけん》を失《うしな》った悲《かな》しみを乗《の》りこえ、雑種犬《ざっしゅけん》を保護《ほご》した純《じゅん》。

にぱっ
コロロ!!
保護《ほご》したばかりのころはおびえて目《め》も合《あ》わせてくれなかったけど
今《いま》ではにっこり笑《わら》ってくれる
ただいまコロロ~
会《あ》いたかったよぉ~~~~♡

シェルがうちに来《き》たころを思《おも》い出《だ》すなぁ
ほんとにねぇ…
シェルはわたしが小学《しょうがく》1年生《ねんせい》のときに初《はじ》めて飼《か》った犬《いぬ》でした
一緒《いっしょ》にいるのが当《あ》たり前《まえ》だったけどシェルは10歳《さい》で天国《てんごく》へと旅立《たびだ》ってしまいました
わたしはそれからずっと悲《かな》しみのなかにいて——
そんななか運命的《うんめいてき》に出会《であ》ったのがコロロだったのです
スゥ～
スゥ～
まっすぐ寝《ね》てる…

※『感動《かんどう》のどうぶつ物語《ものがたり》 運命《うんめい》とキズナ』も見《み》てね。

※登録《とうろく》した犬《いぬ》であることを証明《しょうめい》する札《ふだ》。

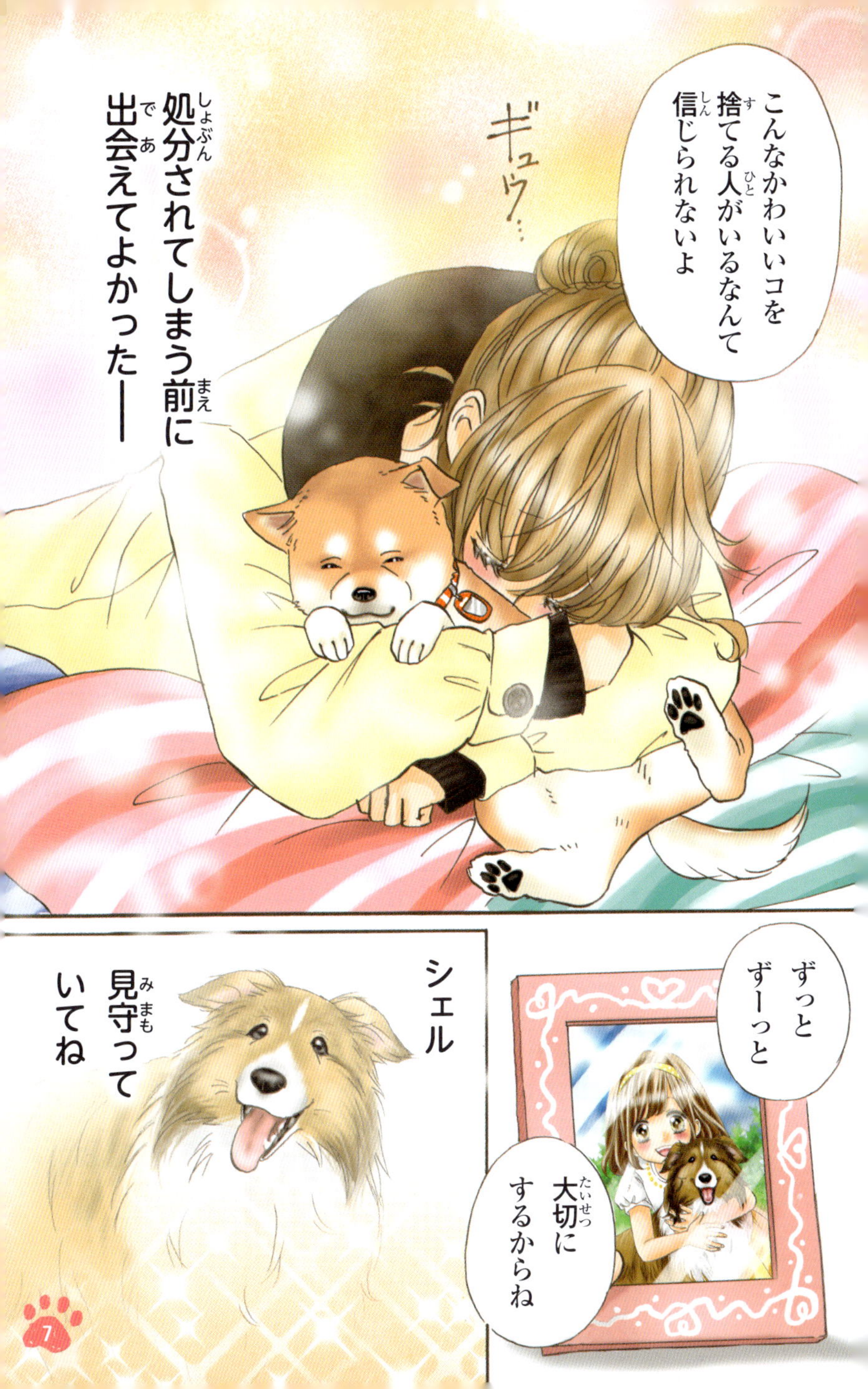

こんなかわいいコを捨《す》てる人《ひと》がいるなんて信《しん》じられないよ
ギュウ…
処分《しょぶん》されてしまう前《まえ》に出《で》会《あ》えてよかった——
ずっとずーっと
大切《たいせつ》にするからね
シェル
見《み》守《まも》っていてね

第1話 【青空純物語《あおぞらじゅんものがたり》】ようこそ！ コロロ …… 2

第《だい》1章《しょう》 キミとの別《わか》れ ～ありがとうを伝《つた》えたい～

第2話 【青空純物語《あおぞらじゅんものがたり》】涙《なみだ》の理由《りゆう》を教《おし》えて …… 10
第3話 モモを助《たす》けたい！ …… 25
第4話 マルがいた季節《きせつ》 …… 42
第5話 五《いつ》つの約束《やくそく》 …… 58
第6話 【青空純物語《あおぞらじゅんものがたり》】天国《てんごく》のキミへの手紙《てがみ》 …… 73
1・いつも笑《わら》わせてくれたハピへ …… 76
2・うれしいおどろきをくれた優太《ゆうた》へ …… 80
3・会社《かいしゃ》の人気者《にんきもの》だったみいちゃんへ …… 82
4・いたずらっ子《こ》のゴンへ …… 84
第7話 ハナが教《おし》えてくれたこと …… 86
青空純《あおぞらじゅん》のどうぶつメモ1 絶滅《ぜつめつ》しそうなどうぶつ …… 104
第8話 ボンネットのネコ …… 105
第9話 飼《か》い主《ぬし》を守《まも》ったチロ …… 122
第10～17話 山野《やまの》りんりんのウチのネコ たまに犬《いぬ》 …… 138
第18話 ボスがくれたもの …… 142
青空純《あおぞらじゅん》のどうぶつメモ2 人《ひと》の生活《せいかつ》に役立《やくだ》つどうぶつ …… 160
どうぶつ写真館《しゃしんかん》 …… 161

第《だい》2章《しょう》 ベストパートナー ～キミがいたから～

第19話 【青空純物語《あおぞらじゅんものがたり》】神様《かみさま》にお願《ねが》い …… 170
第20話 最高《さいこう》の相棒《あいぼう》 …… 178
第21話 おかげ犬《いぬ》 シロ物語《ものがたり》 …… 196
青空純《あおぞらじゅん》のどうぶつメモ3 犬《いぬ》のすごい能力《のうりょく》 …… 216
第22話 ぼくがキミを助《たす》ける！ …… 217
第23話 忠犬《ちゅうけん》ハチ …… 223
★どうぶつに会《あ》えるスポット …… 243
第24話 いつもキミのそばで …… 246
第25話 みなしごゾウのマーチ …… 259
第26話 兄《あに》とオレとジュウシマツ …… 265
第27話 【青空純物語《あおぞらじゅんものがたり》】涙《なみだ》の先《さき》に …… 278

《おことわり》
ペットが迷子《まいご》になってしまった、または保護《ほご》した場合《ばあい》には、最寄《もよ》りの警察署《けいさつしょ》・保健所《ほけんじょ》・動物愛護《どうぶつあいご》センターなどに届《とど》け出《で》が必要《ひつよう》です。

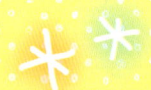

第《だい》 1 章《しょう》

キミとの別《わか》れ

〜ありがとうを伝《つた》えたい〜

大切《たいせつ》などうぶつとの別《わか》れ……。
純《じゅん》が聞《き》いた、せつないけれど
愛情《あいじょう》にあふれる物語《ものがたり》だよ。

青空純物語《あおぞらじゅんものがたり》

第《だい》2話《わ》

涙《なみだ》の理由《りゆう》を教《おし》えて

なんだか元気《げんき》がない彩香《あやか》。純《じゅん》はどうする?

チョコ
死《し》んじゃったんだ
え……?
チョコって…
彩香《あやか》の家《いえ》の
わんこー…
ごっ
ごめんっ
盛《も》り上《あ》がってるのに
空気悪《くうきわる》くしちゃうよね
わたし帰《かえ》るわ
無理《むり》
しなくて
いいよ
わたしも愛犬《あいけん》を
亡《な》くしたこと
あるからさ

よかったら
チョコのこと
話《はな》して…？
チョコはね
わたしが6歳《さい》のとき
親《おや》にねだって
ペットショップで
買《か》ってもらったの
初《はじ》めてランドセルを
背負《せお》ったときも
中学《ちゅうがく》の制服《せいふく》を
着《き》たときも
成人式《せいじんしき》の
晴れ着《はぎ》のときも
写真《しゃしん》にはいつも
チョコが一緒《いっしょ》だった

一緒《いっしょ》にね 成長《せいちょう》してるのが うれしかった
でもチョコは わたしより先《さき》に おばあちゃんになって
この数《すう》か月《げつ》は 一日《いちにち》のほとんどを お気《き》に入《い》りのベッドで 寝《ね》て過《す》ごしてた…
あの日《ひ》も わたしはバイトで 夜おそく帰《かえ》って
カチャ…
チョコ 起《お》きてる かな……
スゥ…
スゥ…
よく 眠《ねむ》ってる
くす
また 明日《あした》ね チョコ

パタン
それがチョコとの
お別《わか》れだった――
翌朝《よくあさ》
彩香《あやか》!!
彩香《あやか》
起《お》きて!!
チョコが――

朝起《あさお》きたら…
もう──…

チョコは
昨日《きのう》最後《さいご》に
見《み》た姿《すがた》のまま
冷《つめ》たくなってた
15歳《さい》の
おばあちゃん
だったけど
あのまま
死《し》んじゃうなんて
考《かんが》えもしなかった
せめて
あのとき
「おやすみ」
って
背中《せなか》を
なでて
あげれば
よかった
ずっと
一緒《いっしょ》にいたのに
最後《さいご》はひとりで
死《し》なせてしまった
学校《がっこう》に来《き》ても
バイトに行《い》っても
チョコの
ことばかり
考《かんが》えて……
パシッ

またなの？
食器《しょっき》はタダじゃないのよ!?
すっ
すみません
今《いま》片《かた》付《づ》けますっ…
カチャ…
…ったく
ふぅっ
犬《いぬ》が死《し》んだ
くらいで
ギュ

チョコは
犬《いぬ》だけど
犬《いぬ》じゃなかった
チョコは
わたしの
大切《たいせつ》な
家族《かぞく》だった

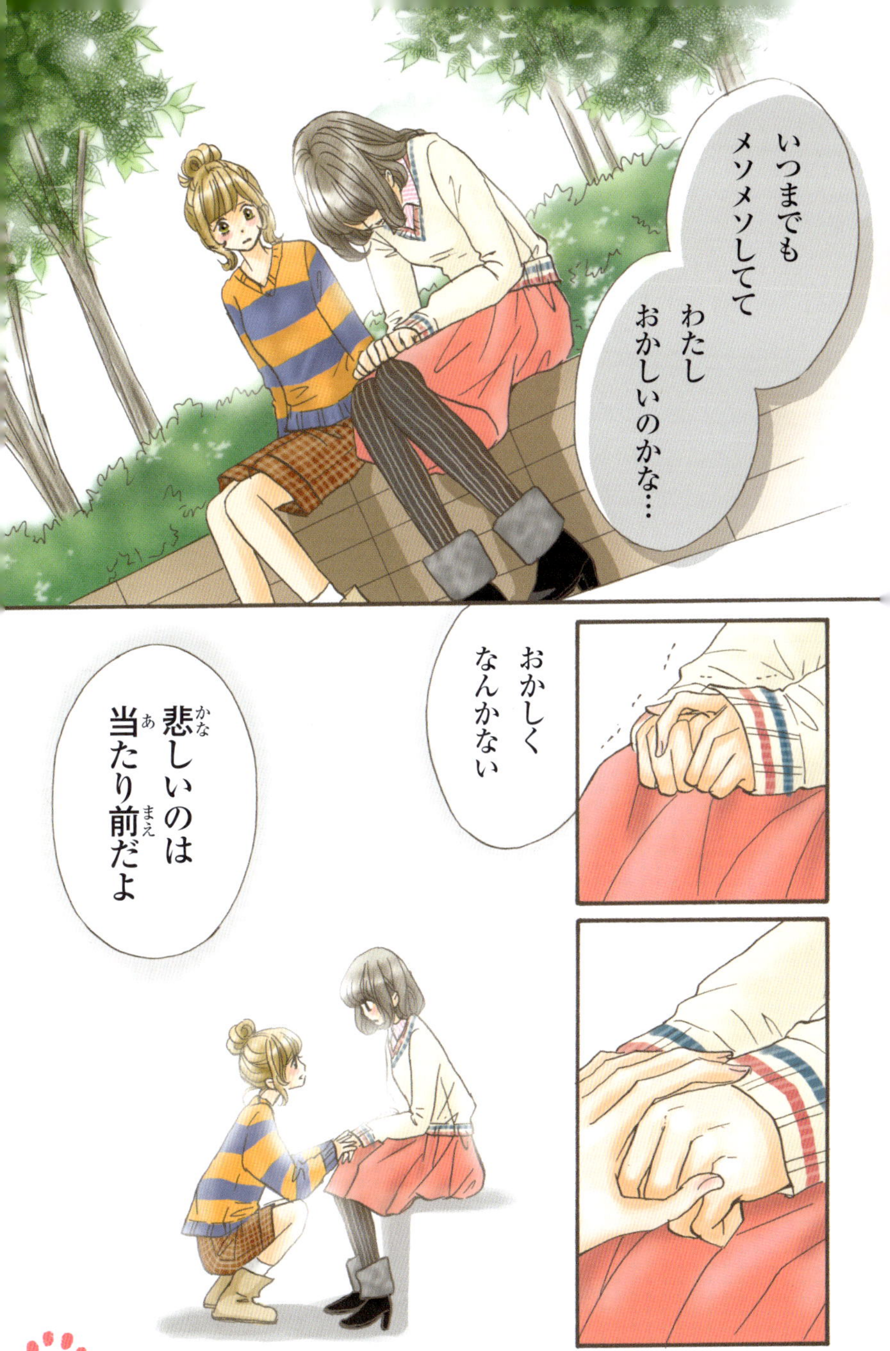
いつまでもメソメソしてて
わたしおかしいのかな…
おかしくなんかない
悲《かな》しいのは当《あ》たり前《まえ》だよ

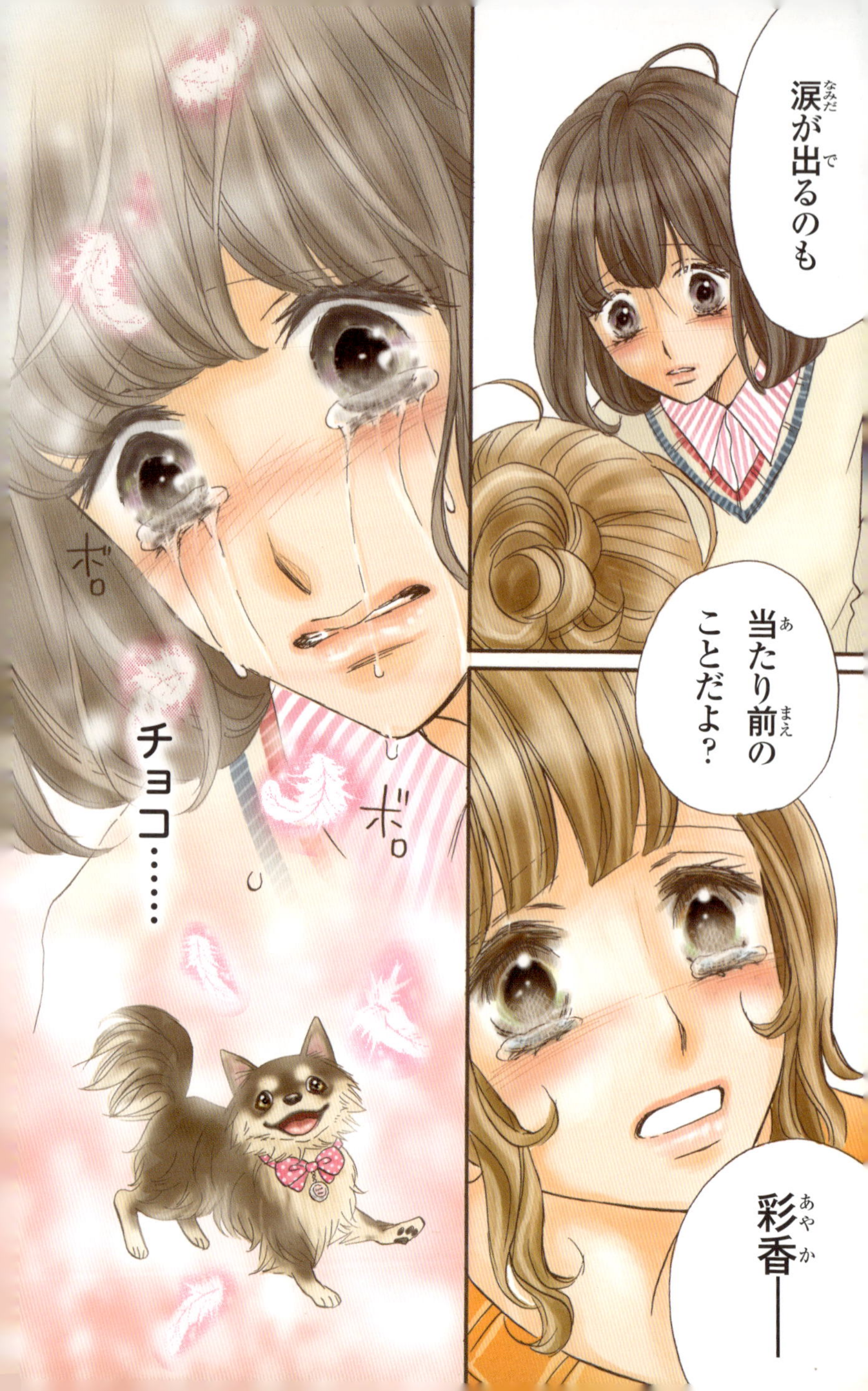
涙《なみだ》が出《で》るのも
当《あ》たり前《まえ》のことだよ？
彩香《あやか》——
ボロ
ボロ
チョコ……

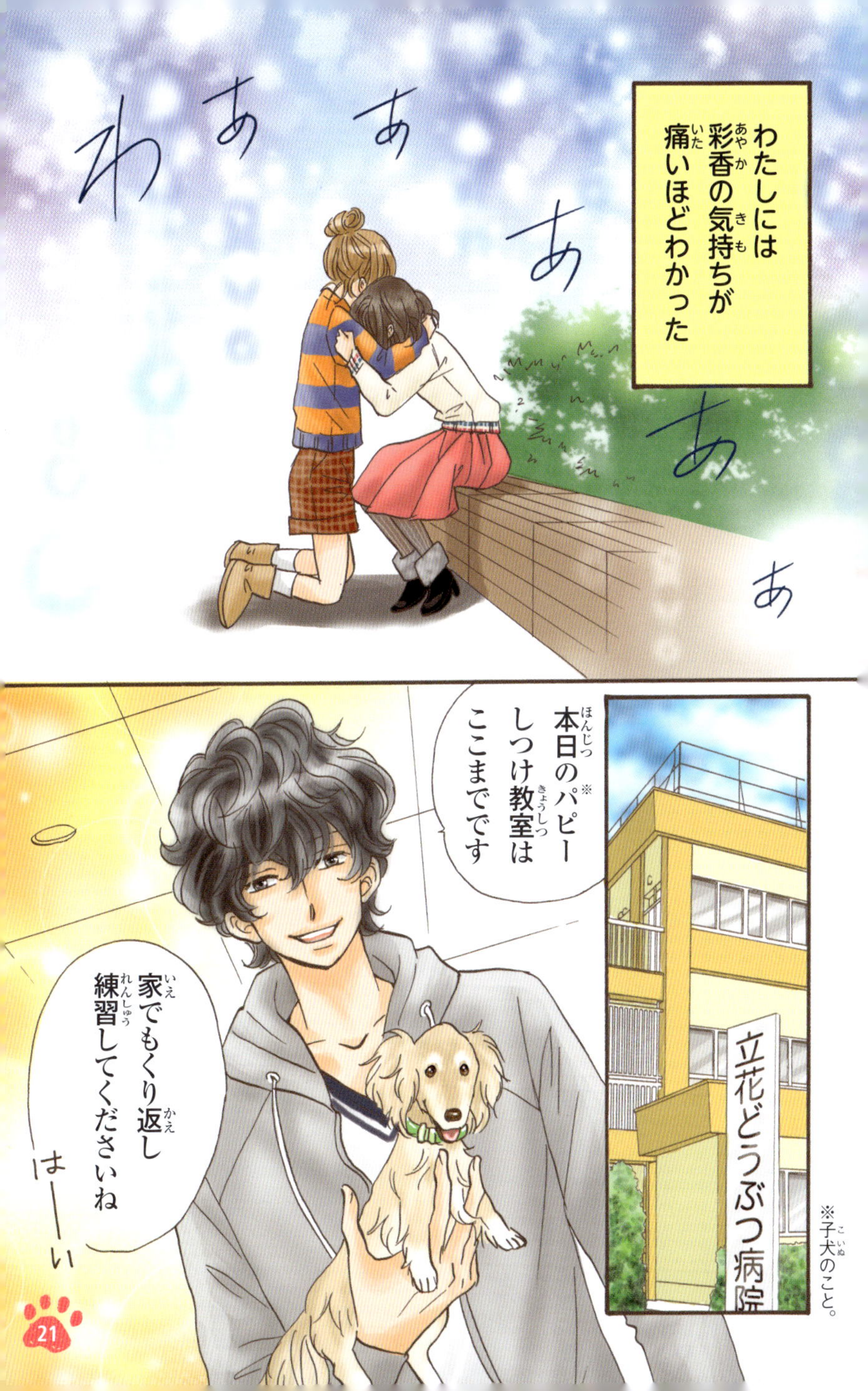
わたしには彩香《あやか》の気持《きも》ちが痛《いた》いほどわかった
わあああああ
立花どうぶつ病院
※子犬《こいぬ》のこと。
本日《ほんじつ》のパピー※しつけ教室《きょうしつ》はここまでです
家《いえ》でもくり返《かえ》し練習《れんしゅう》してくださいね
はーーい

先生《せんせい》さよならー
さようなら また来週《らいしゅう》ね
ありがとうございましたー
青空《あおぞら》さん
なにか
ありましたか？
大学《だいがく》の友《とも》だちのわんちゃんが死《し》んじゃって
友《とも》だち、すごく落《お》ち込《こ》んでて…
わたしもコロロの前《まえ》に飼《か》ってたシェルティの死《し》を何年《なんねん》も引《ひ》きずったから彩香《かのじょ》の気持《きも》ちを思《おも》うと…
なるほど
共鳴《きょうめい》しちゃったってわけか

どういう形《かたち》であれどうぶつとの別《わか》れはつらいよね
こういう仕事《しごと》のぼくだって感情《かんじょう》をうまく整理《せいり》できないときがある
先生《せんせい》でも――
それでねっ
びくっ
そういう気持《き》ち《も》を少《すこ》しでも軽《かる》くできないかと院長《いんちょう》と相談《そうだん》してね
どうぶつについてなかなか口《くち》に出《だ》せない本心《ほんしん》を語《かた》り合《あ》う会《かい》を先月《せんげつ》から始《はじ》めたんだ
よかったらその友《とも》だちと顔出《かおだ》してよ
わたしは彩香《あやか》を誘《さそ》ってその会《かい》に参加《さんか》してみることにしました
そして改《あらた》めて気《き》づかされるのです
人《ひと》もどうぶつもみんないろいろな思《おも》いをかかえて生《い》きているということを――

悲《かな》しまないで
いつだってあなたには
笑《え》顔《がお》でいてほしいんだ

第《だい》3話《わ》

モモを助《たす》けたい！

路地裏《ろじうら》で見《み》つけた捨《す》てネコ。処分《しょぶん》されると知《し》ったみくは…。

モモちゃん いるかな…
にゃ～ん!
わたしの声《こえ》 覚《おぼ》えて くれたんだね!
カリカリもらったの? よかったねー

ひょこ!
おまえかくれてネコ飼《か》ってんの？
高志《たかし》くん……！
かわいいけど野良《のら》にエサやるの禁止《きんし》だろ？
ち、ちがうよ捨《す》てネコらしくて見《み》に来《き》てるだけ……
うちのアパートペット禁止《きんし》だもん……
モモです もらってく
そんなに好《す》きなら飼《か》えばいいじゃん
オレんちもどうぶつダメって言《い》われてるもんなー
ちょっとあなたたち！

あなたたちがネコにエサをやってたの⁉
家《いえ》のそばに勝手《かって》に住《す》みつかれて困《こま》ってるのよ！
保健所《ほけんじょ》に連《つ》れて行《い》ってもらいます！
え…オレちが…

ガチャッ!!
ミャー!!
ミャー!
ブロロロロ…
あのネコ…殺処分《さつしょぶん》されるかもな
サツショブン?
殺《ころ》されちゃうってことだよ
保健所《ほけんじょ》ってそういうところだって聞《き》いたことある
…そんな

そう…
捨《す》てられてたネコちゃんが…
ねぇママ
保健所《ほけんじょ》に連《つ》れて行《い》かれたら殺《ころ》されちゃうの？
はっ
………。
みんなそうなるわけじゃないわ
ホームページで引《ひ》き取《と》ってくれる里親《さとおや》を募集《ぼしゅう》したり
もらってください
里親募集中
飼《か》いたい人《ひと》がどうぶつを直接《ちょくせつ》見《み》に行《い》ける譲渡会《じょうとかい》もあるの
ホッ…
そうなんだ…
でも…ね

保健所《ほけんじょ》に
持《も》ち込《こ》まれる
どうぶつが
多《おお》すぎて
職員《しょくいん》さんが
どんなに
がんばっても
全部《ぜんぶ》のコの
里親《さとおや》さんを
見《み》つけるなんて
できないのよ
もし…
里親《さとおや》が見《み》つから
なかったら…？
……
殺処分《さつしょぶん》…
される
でしょうね
そんなの
ひどい!!
だれが…
どうして
モモを
捨《す》てたの？
モモはなにも
悪《わる》くないのに

※「動物保護《どうぶつほご》センター」や「動物愛護《どうぶつあいご》センター」は保健所《ほけんじょ》が管理《かんり》する施設《しせつ》。

娘《むすめ》が通学路《つうがくろ》で見《み》かけていたネコなので責任《せきにん》を感《かん》じているんです
特別《とくべつ》に写真《しゃしん》だけなら…
ありがとうございます!!
期限《きげん》が短《みじか》いのでがんばってください
すぐチラシを作《つく》らなきゃ
わたしもがんばって配《くば》るね
パパは？
パパは明後日《あさって》まで出張《しゅっちょう》よ

ママ!! 大丈夫《だいじょうぶ》？
頭痛《あたまいた》い～
ごめんね、みく 少《すこ》し眠《ねむ》れば よくなるから… 一緒《いっしょ》にチラシ配《くば》り 行《い》こう…ね
ガサッ
里親ぼしゅう！
メス 4ヶ月くらい 人なつっこくて元気です
一生可愛がっていただける方を探してます
連絡先＊00-0000-00000
カチ
コチ…
ママ つらそう…
三島商店街

あの…
これ…
ネコ…の
ひとりで
来《き》ちゃったけど
受《う》け取《と》って
もらえない
たくさん
チラシ
配《くば》らなきゃ
モモが…
ぱっ
ふーん。
あのネコか

ネコの里親《さとおや》を探《さが》してまーす!!
かわいいネコでーす!!
ほら!
あら八百屋《やおや》の高志《たかし》くん
あ!高木《たかぎ》さん!ネコ欲《ほ》しい人《ひと》知《し》らない?
声《こえ》を出《だ》さないともらってくれないぞ!
う…うん

わたしも
がんばらなきゃ
ネ
モモを助《たす》けられない！
ネコをもらってくれる人《ひと》探《さが》してます！
ひょい
みくちゃんなにしてるの？
里親探《さとおやさが》し？
受《う》け取《と》ってくれた！
わたし 近所《きんじょ》に配《くば》ってあげる
動物病院《どうぶつびょういん》に貼《は》ってもらうよ
ありがとう！

高志《たかし》くんも
ありがとう…
ぷいっ
別《べつ》に…
オレもこのネコ
気《き》になってたし
3月
5
3月
10
3月
12
連絡《れんらく》
あった？
明日《あした》が
期限《きげん》なのに…
モモ…！

プルルルル!
三島《みしま》商店街《しょうてんがい》のお客《きゃく》さん…?
はい!
はい!
見《み》つかったわ!
明日《あした》 保健所《ほけんじょ》に来《き》てくれるって!
どうぶつ保護センター
大事《だいじ》にしますね!
よかったねモモ…
ミィ〜〜…
ブロロロ..

ぽろ…
あ…あれ?
喜《よろこ》んで
あげなきゃ
いけないのに
モモ
バイバイ
なんで…
涙《なみだ》が
出《で》るんだろう…

ママ…
モモはよかったけど
今《いま》もどこかで
殺処分《さつしょぶん》されちゃうどうぶつがいるんだよね…
みく…
いつかネコを飼《か》える日《ひ》が来《き》たら
モモみたいな捨《す》てネコを迎《むか》えてあげようね
うん…！

第《だい》4話《わ》

マルがいた季節《きせつ》

高校生《こうこうせい》の春樹《はるき》がある日《ひ》うさぎを飼《か》い始《はじ》めることに…！

えっ うさぎ!?
「ひろってください おねがいします」
マジであるんだ こーゆーの… しかも うさぎ!?
ひろってください おねがいします。
ピョコッ
わっ バカ あぶねーって
ひょいっ
………

…え
うさぎ!?
オレが世話《せわ》するからさ！必要《ひつよう》なものは夏《なつ》のバイト代《だい》で買《か》うし
こいつ飼《か》ってもいい!?
春樹《はるき》がそこまで頼《たの》むなんてめずらしい…しっかりめんどうみなさいよ？
サンキュー母《かあ》さん!!
えーと…うさぎを飼《か》うにはまずケージとかいるよな？

これ確《たし》か
ばあちゃん家《ち》に
使《つか》ってないのが
あるはず！
いいね
じゃああと
エサとか…
なぁ名前《なまえ》
どうすんの!?
〝小次郎《こじろう》〟とか
〝トラ丸《まる》〟ってどうよ!?
マシュマロ…
シフォン…
メルヘン
すぎるわ!!
まるっこいし
〝マル〟でよくね？
マル〜！
ピョコッ
お！
反応《はんのう》したっ
よし！
今日《きょう》からおまえは
〝マル〟だ！
よろしくな！
こうして
オレとマルの
生活《せいかつ》が
始《はじ》まった

ガチャ
はー 腹減《はらへ》ったー
ピクッ
お
ただいま マル! 元気《げんき》にしてたか?
「ただいま」とか 久《ひさ》しぶりに言《い》ったなー
いつも ひとり だからさ
学校《がっこう》から帰《かえ》って来《き》ても 親《おや》は仕事《しごと》で
だれもいないのが 普通《ふつう》だったけど

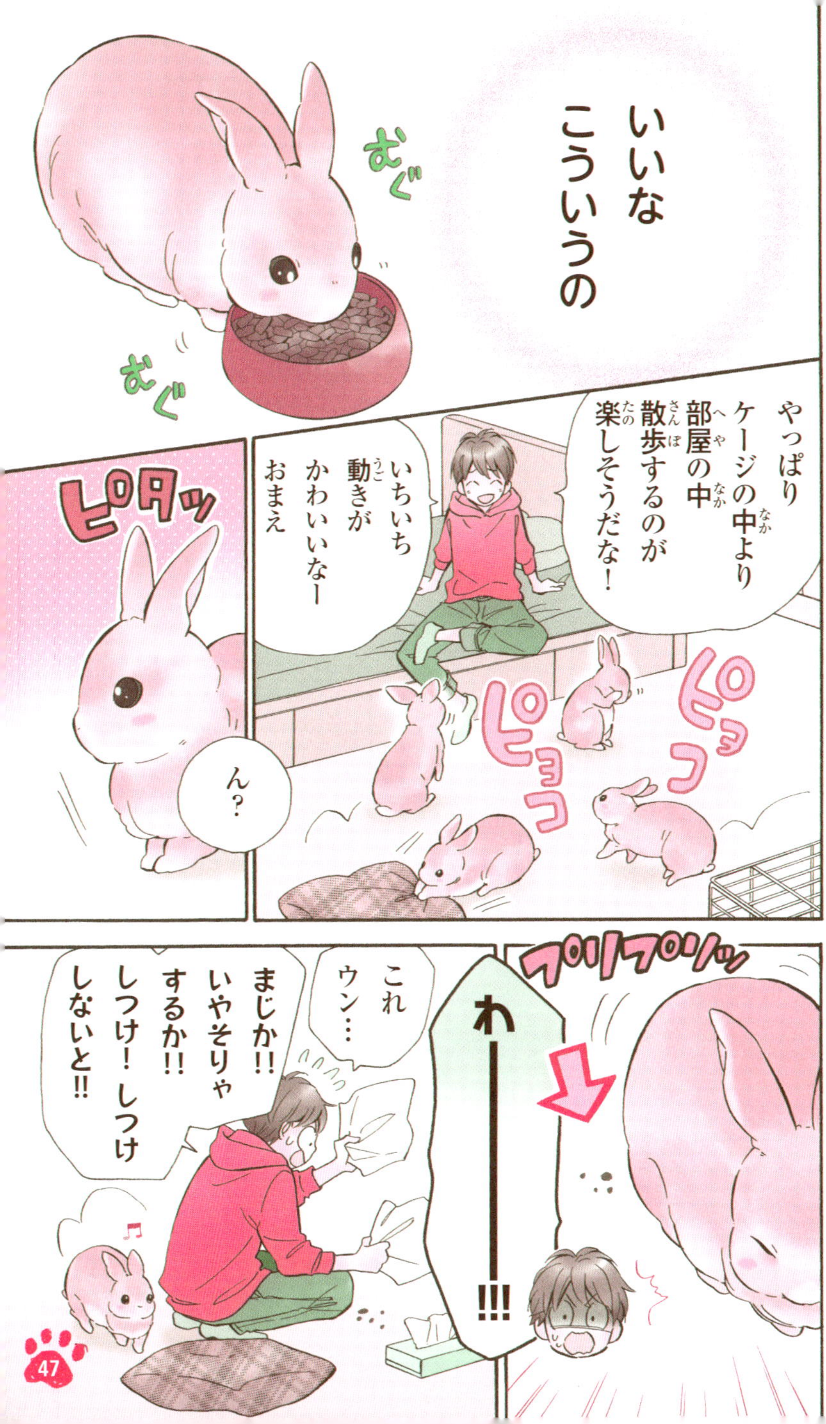
むぐ
むぐ
いいな
こういうの
やっぱり
ケージの中《なか》より
部屋《へや》の中《なか》
散歩《さんぽ》するのが
楽《たの》しそうだな!
いちいち
動《うご》きが
かわいいなー
おまえ
ピョコ
ピョコ
ピタッ
ん?
プリプリッ
わ――!!!
これ
ウン…
まじか!!
いやそりゃ
するか!!
しつけ! しつけ
しないと!!

ふすーん
…ったく
それオレのなんだけど…マルいっつも座《すわ》るなぁ
気《き》に入《い》ったならやるよ！
だからトイレはしっかり覚《おぼ》えてくれよ？
こんなふうにどうぶつの世話《せわ》をする日《ひ》がくるなんて
考《かんが》えたこともなかったな
ガチャ
マル！ただいま！
ピョコンッ
自分《じぶん》でもビックリだ！

ピンポーーン
ん?
トントントン
バーンッ
おーっす 春樹《はるき》!
マルに会《あ》いに来《き》たぜー!!
おまえらなに勝手《かって》に入《はい》って来《き》てんだ
マルー!! オレのこと覚《おぼ》えてるか!?
あれっ…
ササッ
なんで逃《に》げる!?
おまえがっつきすぎなんだよ マルは一応《いちおう》女子《じょし》だからな?
オレってうさぎにもふり向《む》いてもらえないの!?
あ…でもオレにも寄《よ》って来《こ》ない…
フーん

てててて…
ピトッ
春樹《はるき》には自分《じぶん》から寄《よ》って行《い》くじゃん
すごくなついてるね…
なーんだよマル、オレのこと好《す》きなの？
かわいいやつめ〜
まるでカノジョ…
うらやましい！うさぎでも！
なんかオレたち

ずっと前《まえ》から
一緒《いっしょ》に
いたみたいだな
――マル。
あ～
勉強《べんきょう》
つれ～
ごろんっ
でも
やんないと
やべ～
ん？
どうした
マル
ぐい
ぐい
クッションを
オレに貸《か》して
くれてんの？
……もしかして
「がんばれ」って？

ははっ
すげー！ありがとな元気《げんき》出《で》た！
マルが来《き》て普通《ふつう》の毎日《まいにち》がほんとに楽《たの》しかった
それから　しばらくして——
あれ？
今日《きょう》は全然《ぜんぜん》食《た》べてないじゃん…最近残《さいきんのこ》してばっかりだったし…
バタバタバタ
春樹《はるき》！母《かあ》さん先《さき》に出《で》るね！
あぁ…うん
病院《びょういん》に連《つ》れて行《い》ったほうがいいのかな…
母《かあ》さんも忙《いそが》しそうだし
でも今日《きょう》学校《がっこう》だし…

マル
大丈夫《だいじょうぶ》か？
週末《しゅうまつ》に病院《びょういん》
行《い》こうな
パタン…
マルはその夜《よる》
天国《てんごく》へ
行《い》ってしまった
キーンコーン
…なあ
春樹《はるき》！
久《ひさ》しぶりに
ゲーセンでも
行《い》こうぜ！
パーッとさ
…悪《わる》い
オレ帰《かえ》るわ
じゃな

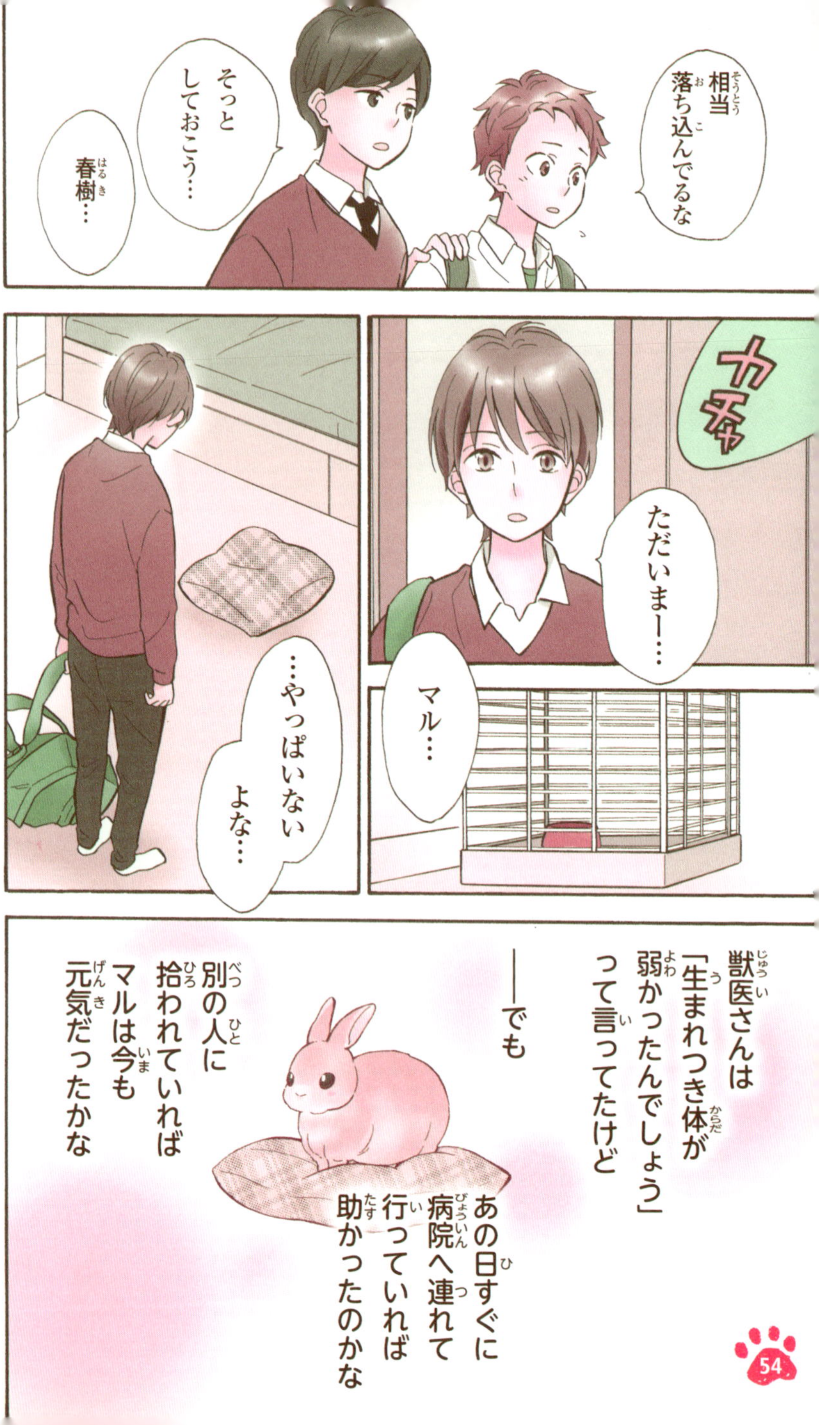
相当《そうとう》落《お》ち込《こ》んでるな
そっとしておこう…
春樹《はるき》…
カチャ
ただいまー…
マル…
…やっぱいないよな…
獣医《じゅうい》さんは「生《う》まれつき体《からだ》が弱《よわ》かったんでしょう」って言《い》ってたけど
——でも
あの日《ひ》すぐに病院《びょういん》へ連《つ》れて行《い》っていれば助《たす》かったのかな
別《べつ》の人《ひと》に拾《ひろ》われていればマルは今《いま》も元気《げんき》だったかな

オレが飼《か》ったせいでマルは……
ごめんな
マル…っ
……き
春樹《はるき》
そんなこと言《い》わないで
春樹《はるき》に拾《ひろ》ってもらってうれしかった
マルはね
いっぱいやさしくしてくれて

とっても
幸《しあわ》せだったよ――
ま…っ
――マル…
…え
夢《ゆめ》……？
――そ
っか……

オレのほうが
幸《しあわ》せだったよ
サンキューな…
マルと過《す》ごした
日々《ひび》は
短《みじか》かったけど
超充実《ちょうじゅうじつ》してた
マルはオレの心《こころ》のなかに
——生《い》き続《つづ》ける

第《だい》5話《わ》

五《いつ》つの約束《やくそく》

子犬《こいぬ》を飼《か》うため、智花《ともか》がブリーダーさんと約束《やくそく》したこととは？

わたしたち家族《かぞく》が
ホワホワと
出会《であ》ったのは
わたしが
幼稚園《ようちえん》の年長《ねんちょう》の
ころだった
ワン
ワン
ここはね
〝ブリーダー〟と言《い》って
子犬《こいぬ》をゆずってくれる
ところなんだよ
ふ〜ん
ワン
ワン
智花《ともか》
別《べつ》に犬《いぬ》
欲《ほ》しくないよ？
あら〜
ワンちゃんって
かわいいわよぉ♡
あのコたちかしら

智花《ともか》には
くまさんが
いるもーん
スルっ
あっ
くまさん
落《お》としちゃったー
しゅばっ
うわー
ぬいぐるみ
みたい…
ホワホワ…
♪
ふり
ふり

あたし
このコがいい!!
えっ
急《きゅう》に!?
ほかのコも
いるぞ?
いい!
ホワホワを
飼《か》う!!
えっ
智花《ともか》ちゃん そのコが
気《き》に入《い》ったのかな?
うん…
ブリーダーさん
じゃあ、これから
ぼくが言《い》うこと
約束《やくそく》して
くれるかな?
…約束《やくそく》?
一《ひと》つ
毎日《まいにち》ごはんを
あげること

二《ふた》つ 安心《あんしん》できる場所《ばしょ》を 作《つく》ってあげること
三《みっ》つ 人間《にんげん》の暮《く》らしの ルールを教《おし》えて あげること
四《よっ》つ たくさん遊《あそ》んで あげること
五《いつ》つ 病気《びょうき》になっても 歳《とし》をとっても それは変《か》わらずに 最後《さいご》まで めんどうを見《み》ること

智花《ともか》ちゃんには
パパやママ
友《とも》だちがいるけど
この子《こ》には
智花《ともか》ちゃんたち
家族《かぞく》しかいないんだ
約束《やくそく》
できるかな？
うん
約束《やくそく》する！
ホワホワのめんどうを
きちんと見《み》るよ

こうして ホワホワは わが家《や》の一員《いちいん》に なりました
ホワホワ ごはんよー
いっぱい 食《た》べろよー
ホワホワは 全部《ぜんぶ》がかわいくって
夜《よる》さみしく ないように
くまさん 置《お》いておくね

小《ちい》さいけれど大《おお》きな存在《そんざい》――
ガー
そうじきだよ
だいじょうぶこわくないよー
ぶる
ぶる
だっ
ホワホワ取《と》ってきてー
家族《かぞく》の笑顔《えがお》の中心《ちゅうしん》だった
それからわたしは高校《こうこう》を卒業《そつぎょう》して大学《だいがく》に通《かよ》うため
ひとり暮《ぐ》らしをすることになった
じゃあ行《い》くね！

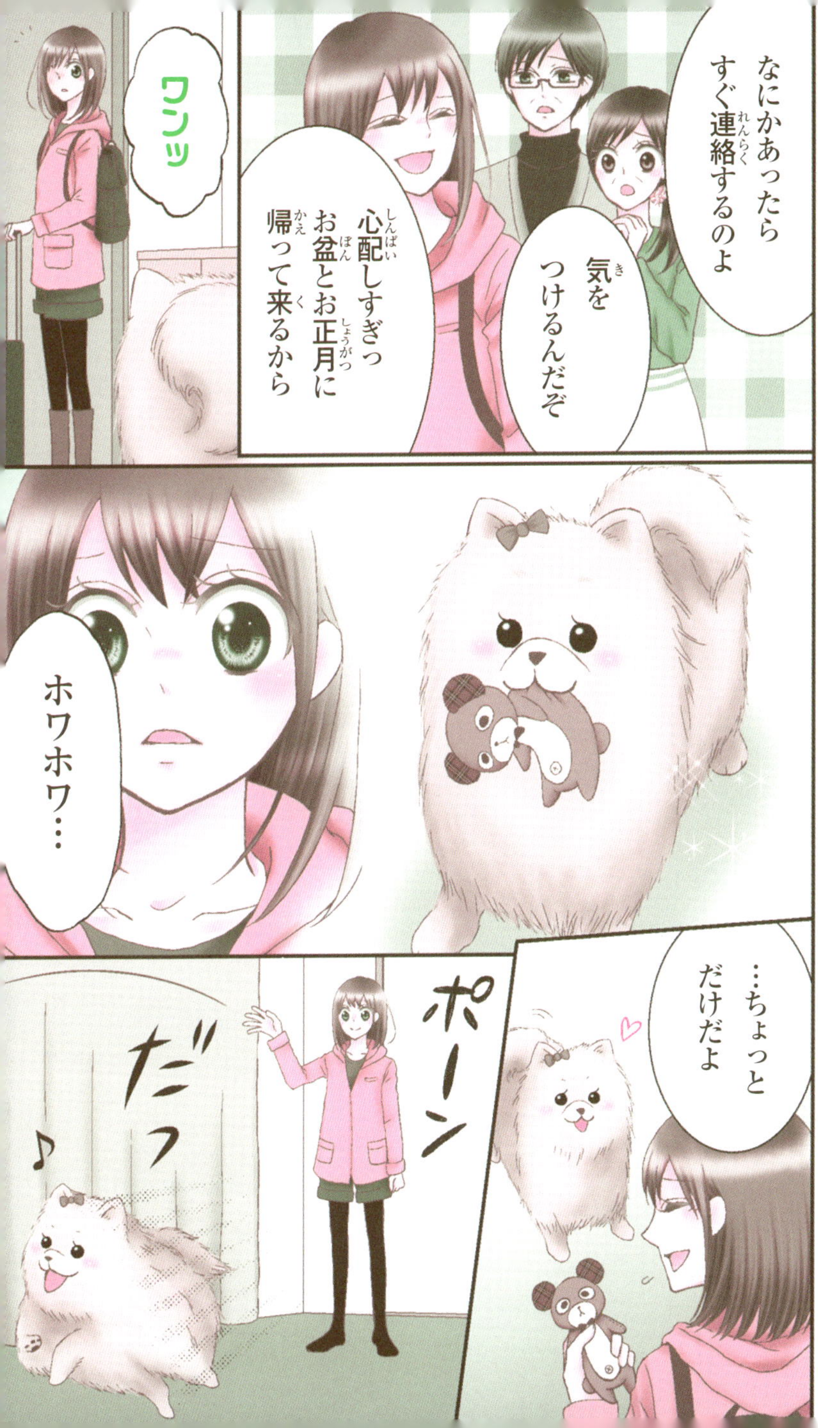
なにかあったらすぐ連絡《れんらく》するのよ
気《き》をつけるんだぞ
心配《しんぱい》しすぎっお盆《ぼん》とお正月《しょうがつ》に帰《かえ》って来《く》るから
ワンッ
ホワホワ…
…ちょっとだけだよ
ポーン
だっ

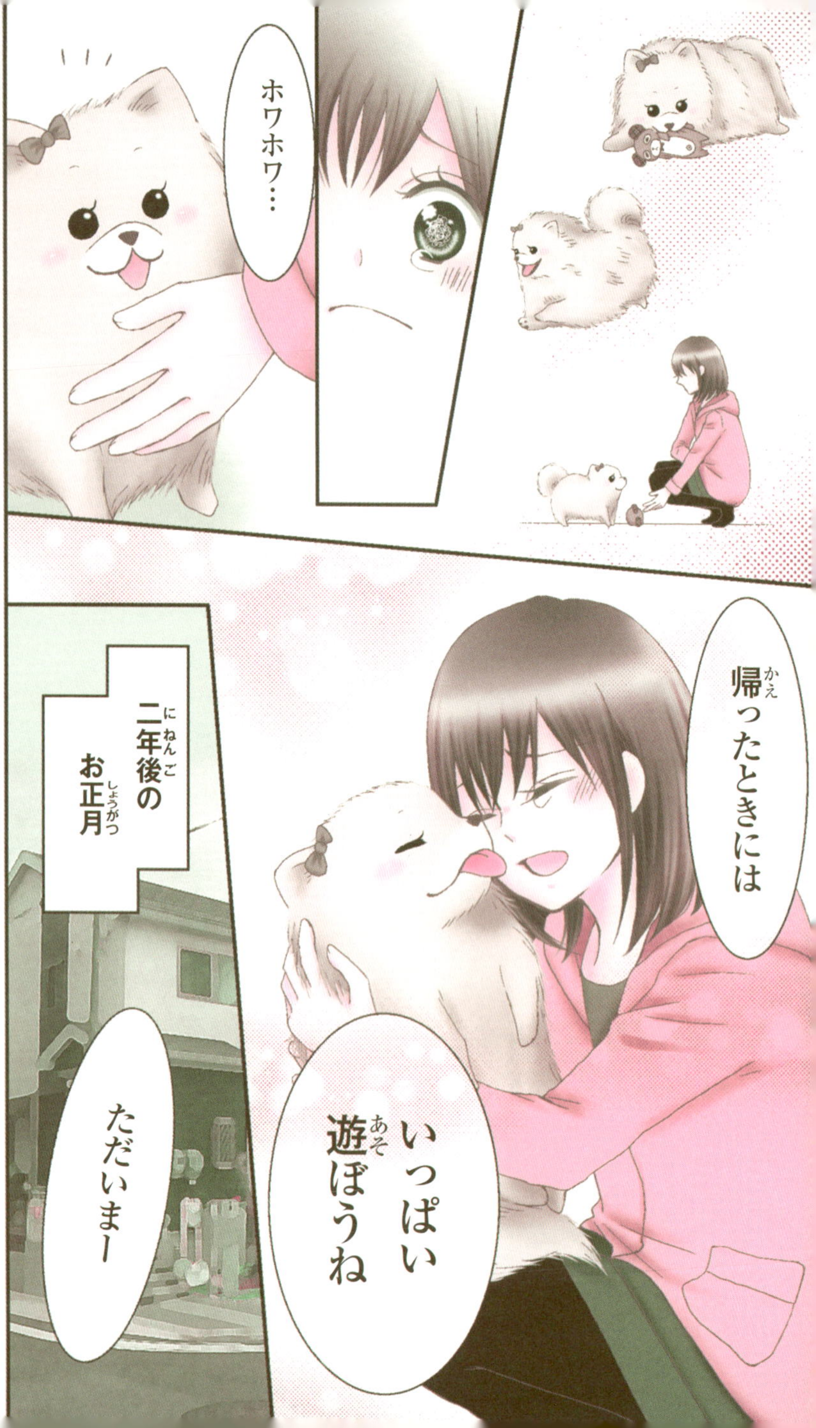
ホワホワ…
帰《かえ》ったときには
いっぱい遊《あそ》ぼうね
二年後《にねんご》のお正月《しょうがつ》
ただいまー

ホワホワ
帰《かえ》って来《き》たよー!!
ホワホワ?
パァ
聞《き》こえなかったのかな…
くまさんで遊《あそ》ぼうよぉ
ほらっ
ポーン
よろ…

え……
よろ
よろ
ママ、ホワホワ元気《げんき》なくなぁい？
うん…
病院《びょういん》の先生《せんせい》が「歳《とし》のせいだろう」って…
ホワホワはわたしが帰《かえ》るたびに弱《よわ》っていきました
食《た》べないので。
ずっと出《で》てこないね…
――そして

とうとう
その日《ひ》は
やって来《き》ました
つらくても
最後《さいご》まで
看取《みと》るのが
病気《びょうき》になっても
歳《とし》をとっても
最後《さいご》まで
めんどうを見《み》ること
わたしに
できること
なんだよね？
よろ…

智花《ともか》
泣《な》かないで
遊《あそ》ぼ
あれ…？
ホワホワ…
ぐらり…
ホワホワ!!

遊《あそ》ぼうね…
智花《ともか》はたくさん遊《あそ》んでくれたね
ママはおいしいごはんをくれたよね
パパはいろんなことを教《おし》えてくれた
ホワホワの大好《だいす》きなぬいぐるみで遊《あそ》ぼうね…！
わたしホントにみんなが大好《だいす》きだよ

あのとき
わたしを選《えら》んでくれて
ありがとう
かわいがってくれて
ありがとう
智花《ともか》
夢《ゆめ》でまた
遊《あそ》ぼうね

青空純物語《あおぞらじゅんものがたり》

第《だい》6話《わ》

天国《てんごく》のキミへの手紙《てがみ》

純《じゅん》がかつて飼《か》っていたシェルとコロロとの共通点《きょうつうてん》とは!?

わぁーー！
シェルの肉球《にくきゅう》は
左《ひだり》の前足《まえあし》だけ
ピンク色《いろ》だ！
ほかは全部《ぜんぶ》黒《くろ》いのに…
イチゴチョコみたいでかわいい――っ♡
迷子《まいご》になっても
このピンク色《いろ》が
シェルの印《しるし》だね！
捨《す》て犬《いぬ》だった
コロロを
だき上《あ》げたとき
ほんとにびっくり
したよ。
おいで…
だって
ピンクの印《しるし》が
あったから…。
イチゴ
チョコ…
シェルが
コロロを選《えら》んで
純《じゅん》ちゃん
このコと
暮《く》らすと
きっと
楽《たの》しいよ
「印《しるし》」をつけて
わたしに運《はこ》んで
くれたんだ
――そう思《おも》ったよ。

天国からいつもわたしを見守《みまも》ってくれてありがとう。
コロロと出会《であ》わせてくれてありがとう。
シェル大好《だいす》きだよ。
その手紙《てがみ》を同《おな》じどうぶつ好《ず》きのみなさんが読《よ》んでくれるわたしのブログにアップしたら
読者の方からも天国《てんごく》のペットに宛《あ》てた手紙《てがみ》が
こんなにたくさん届《とど》いたんです
了解をいただいたので今日《きょう》はここでこのお手紙《てがみ》を紹介《しょうかい》したいと思《おも》います
まずはじめは――…

天国《てんごく》のキミへの手紙《てがみ》

1

セキセイインコ

いつも笑《わら》わせてくれたハピへ

ハピへ

ハピと出会《であ》ったのは、ぼくが小学《しょうがく》2年《ねん》のときだったね。
たくさんのヒナのなかで、一番元気《いちばんげんき》だったのがハピだった。ペットショップのおねえさんが、「この子《こ》はよく食《た》べるんですよー」と、笑《わら》っていたっけ。
うちに来《き》てからも、よく食《た》べたね。
ヒナのころは3時間《じかん》ごとにエサをあげないといけなくて、いそがしかった。
エサの用意《ようい》をしていると、ハピはチュピチュピ鳴《な》いてねだってさ。
ぼくがスプーンでエサをあげると、あわててつつくから、「落《お》ち着《つ》いて食《た》べなさい」って、お母《かあ》さんみたいなこと、言《い》っちゃったよ。
はじめて飛《と》んだときは、びっくりしたなあ。上手《うま》く飛《と》べなくて、かべにぶつかって落《お》ちて、ケガしたかと思《おも》った。すぐにピヨピヨ鳴《な》いて、手《て》にのってきたから、ほっとしたけどね。
ハピは音楽《おんがく》が流《なが》れると、頭《あたま》を上下《じょうげ》にふって歌《うた》っていたね。
ぼくがバイオリンの練習《れんしゅう》をはじめると、そばにきて、ノリノリになってさ。ときどき楽譜《がくふ》をかじって、ぼくをこまらせた。
おしゃべりも上手《じょうず》だったね。お母《かあ》さんは「ハピちゃん、だいすきよ」って教《おし》えたのに、ハピが最初《さいしょ》に言《い》った言葉《ことば》は「クサイ、クサイ」。
お父《とう》さんがおならをするたび、ぼくとお母《かあ》さんが言《い》っていたから、おぼえちゃったんだね。
そのうちに、「ハピチャン、ダイスキヨ」「カワ

「イイヨ」「ワタシハ、トリデス」「オハヨー」って、どんどんしゃべるようになった。

ふしぎだったのは、お父《とう》さんが近《ちか》くに来《く》ると、「ツキアタリ！」って、言《い》うようになったこと。だれも教《おし》えていないのに、どこでそんな言葉《ことば》をおぼえたの？

お父《とう》さんが「おれは人生《じんせい》のかべには突《つ》き当《あ》たっていなーい」と言《い》って、ぼくとお母《かあ》さんは大笑《おおわら》いした。

そう。ハピが来《き》てから、ぼくらはいつも笑《わら》っていた。この先《さき》もずっと、ハピと笑《わら》って暮《く》らすんだと、思《おも》っていた。

ハピが胃《い》の病気《びょうき》になったのは、ぼくが中学《ちゅうがく》2年《ねん》のとき。あまり食《た》べなくなって、どんどんやせていって、しゃべらなくなった。

ハピは体《からだ》をさわられるのが苦手《にがて》だったのに、病気《びょうき》になってからは、すごくあまえるようになったね。ぼくの手《て》にのると、ぴったりくっついて、そのまま、ねむってしまうこともあった。

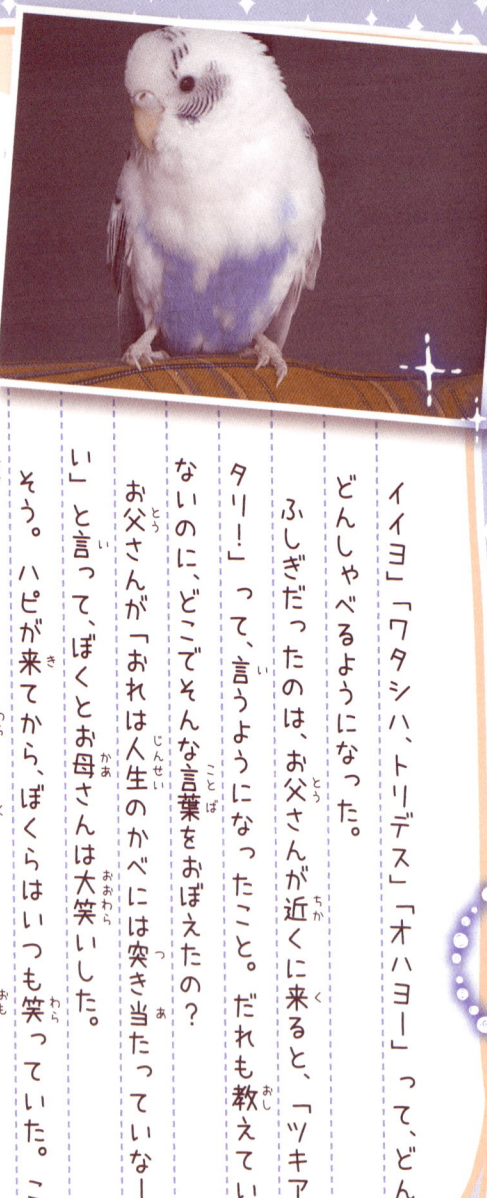

その様子《ようす》がよけいにかわいくて、いつまでもいっしょにいたいと思《おも》った。
ぼくらは、必死《ひっし》に看病《かんびょう》した。けれども、ハピの状態《じょうたい》はよくならなくて……。
いっしょにいられた最後《さいご》の日《ひ》。久《ひさ》しぶりにハピがはしゃいでいたから、ぼくらは安心《あんしん》した。なのに、夕方《ゆうがた》とつぜん、ハピは立《た》てなくなって、羽《はね》をばたつかせた。
ぼくはあわててハピを手《て》に抱《だ》いて、背中《せなか》をなでた。別《わか》れが来《き》たんだとわかったから、一番《いちばん》伝《つた》えたかった言葉《ことば》をくり返《かえ》し言《い》った。
こんなつらい気持《きも》ちは、味《あじ》わいたくなかった。
でも、ハピと会《あ》えなければ、あんなに楽《たの》しくて、あたたかい気持《きも》ちも味《あじ》わえなかったと思《おも》う。
きみといっしょに生《い》きられて、ぼくらは幸《しあわ》せだった。
いまも、やっぱり伝《つた》えたい言葉《ことば》は同《おな》じだ。
「ハピ、うちに来《き》てくれて、ありがとう」

ひろとより

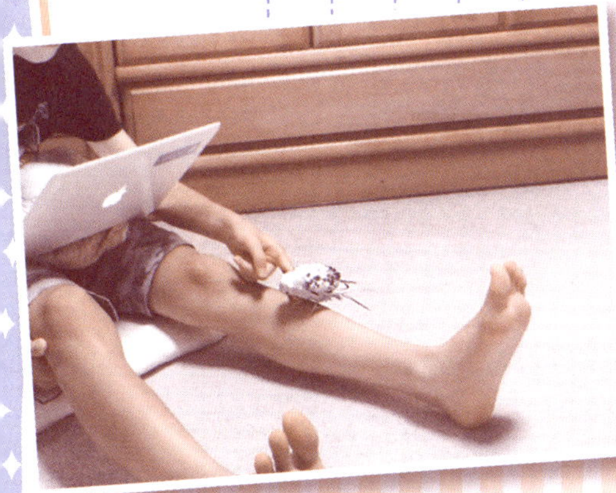

天国《てんごく》のキミへの手紙《てがみ》

2

ミニチュアダックスフンド

うれしいおどろきをくれた優太《ゆうた》へ

優太《ゆうた》へ

　優太《ゆうた》がわが家《や》にやって来《き》たのは、２月《がつ》のことでした。同《おな》じミニチュアダックスフンドの幸介《こうすけ》に続《つづ》いて、わが家《や》の一員《いちいん》になりました。

　優太《ゆうた》を家族《かぞく》に迎《むか》えることは、お母《かあ》さんと妹《いもうと》がこっそり進《すす》めていたから、小《ちい》さなおさるさんみたいな、富士額《ふじびたい》でたれ目《め》のダックスがひょっこり紙袋《かみぶくろ》から出《で》てきて、パパとわたし、そして幸介《こうすけ》はびっくりしたよ。

　最初《さいしょ》はそれまで甘《あま》え放題《ほうだい》だった幸介《こうすけ》が焼《や》きもちをやいてすねていたけど、いつの間《ま》にか寝《ね》るのも、遊《あそ》ぶのも、いたずらするのも一緒《いっしょ》の仲《なか》よし兄弟《きょうだい》になったね。優太《ゆうた》はちょっとこわがりで、少《すこ》しはなれたところから、わたしたち家族《かぞく》の様子《ようす》をじっとうかがっていたね。わたしといちばん気《き》が合《あ》って、歯《は》を見《み》せて笑《わら》ったり、ゴロンとむじゃきにおなかを出《だ》したり、わたしだけに見《み》せてくれる仕草《しぐさ》はとびきりかわいかった。

　優太《ゆうた》が10歳《さい》を過《す》ぎたころ。ずっとできない

ままですっかりあきらめていた「おすわり」が急《きゅう》にできるようになって、家族《かぞく》みんなをびっくりさせたね。
今《いま》ふり返《かえ》ると、優《ゆう》太《た》はマイペースだけど、わたしよりも早《はや》いスピードで成長《せいちょう》していたんだね。
14歳《さい》のときに、急《きゅう》に優太《ゆうた》の後《うし》ろ足《あし》が動《うご》かなくなって、寝《ね》たきりになることを覚悟《かくご》しました。パパがずっとマッサージをして、病院《びょういん》に通《かよ》ってくれたね。そのおかげで、奇跡的《きせきてき》に元気《げんき》に歩《ある》けるようになって、またまた家族《かぞく》をびっくりさせてくれました。
それから2年《ねん》。ゆっくりとわが家《や》になじんできた優太《ゆうた》は、静《しず》かに天国《てんごく》に旅立《たびだ》ちました。最後《さいご》の姿《すがた》は、優太《ゆうた》がわが家《や》にやって来《き》た赤《あか》ちゃんのときのまま。まるで眠《ねむ》っているようでした。
わたしは今《いま》でも、たれ目《め》のダックスを見《み》かけると、優太《ゆうた》の生《う》まれ変《か》わりではないかとじっと見《み》てしまいます。勝手《かって》に優太《ゆうた》の面影《おもかげ》を探《さが》しては、生《う》まれ変《か》わった優太《ゆうた》と、また一緒《いっしょ》に過《す》ごせたらいいのにと思《おも》っています。
優太《ゆうた》。わたしたち家族《かぞく》にたくさんのおどろきと幸《しあわ》せをくれて、本当《ほんとう》にありがとう。

麻紀子《まきこ》より

天国《てんごく》のキミへの手紙《てがみ》

元野良《もとのら》ネコ

3

会社《かいしゃ》の人気者《にんきもの》だったみいちゃんへ

みいちゃんへ

　わたしが働《はたら》く会社《かいしゃ》の庭《にわ》に、みいちゃんが初《はじ》めて来《き》てくれたのは、ぽかぽかと暖《あたた》かい春《はる》の日《ひ》のことでしたね。 室外機《しつがいき》の上《うえ》はちょうどよくお日様《ひさま》が当《あ》たっていて、みいちゃんはそこで気持《きも》ちよさそうに眠《ねむ》っていました。それから毎日《まいにち》のように遊《あそ》びに来《き》てくれました。ときには、ねずみやすずめをくわえてやって来《き》て、自慢《じまん》げにわたしたちを呼《よ》んでおどろかせてくれたり。そんなふうに毎日《まいにち》みいちゃんと会《あ》えるようになって何年《なんねん》か過《す》ぎたころ、ある日突然《ひとつぜん》みいちゃんは姿《すがた》を消《け》しました。

　1か月経《げつた》っても手《て》がかりがなく、探《さが》し回《まわ》ってもどこにもみいちゃんはいません。わたしたちは心配《しんぱい》でたまらなくなって、探《さが》しネコの張《は》り紙《がみ》をして回《まわ》りました。それから何週間《なんしゅうかん》か過《す》ぎた1年最後《ねんさいご》の大《おお》そうじの日《ひ》。みいちゃんはひょっこりと庭《にわ》に現《あらわ》れました。きっとどこか旅《たび》をしてきて、ここに帰《かえ》ってきてくれたんだ！　みいちゃんが無事《ぶじ》でいてくれた安心《あんしん》とうれしさで涙《なみだ》がこぼれました。でも帰《かえ》ってきたみいちゃんはなんだかやせて、少《すこ》しケガもしていました。わたしたちは「これから先《さき》なにがあってもみいちゃんを守《まも》ろう！」と決《き》めて、会社《かいしゃ》の飼《か》いネコとしてみいちゃんを迎《むか》えました。

　最初《さいしょ》はこわがってなかなか中《なか》に入《はい》って来《こ》ず、さわるだけでシャーッと怒《おこ》っていましたが、わたしたちは少《すこ》しずつ仲《なか》よくなって、ひざの上《うえ》にぴょんと飛《と》び乗《の》ってくれるようにまでなりました。わたしたちの出社《しゅっしゃ》をうれしそうに出迎《でむか》えてくれたり、打《う》ち合《あ》わせに参加《さんか》したり、みいちゃんはすっかりお客様《きゃくさま》や会社《かいしゃ》のみんなの人気者《にんきもの》になりましたね。

でもそのときみいちゃんは、わたしよりもうんと年上《としうえ》になっていて、人間《にんげん》でいうと90歳《さい》くらいのおばあちゃん。きっと、わたしたちがみいちゃんを守《まも》っていたのではなく、一番年上《いちばんとしうえ》のみいちゃんが、わたしたちを守《まも》ってくれていたんだね。

わたしが会社《かいしゃ》を辞《や》めるときには、みいちゃんは少《すこ》し体《からだ》が弱《よわ》くなっていて、そのあと病気《びょうき》になってしまい、会《あ》いに行《い》くたびに元《げん》気《き》がなくなっていました。毎日会《まいにちあ》えないわたしはとても心配《しんぱい》でした。そしてある冬《ふゆ》の朝《あさ》、みいちゃんは今度《こんど》はもう戻《もど》ってこられない遠《とお》くの世界《せかい》に旅立《たびだ》ってしまいました。

あのころ、みいちゃんと一緒《いっしょ》に過《す》ごせたわたしたちの日々《ひび》は、なんて幸《しあわ》せな時間《じかん》だったんだろう！

みいちゃん、わたしたちに大《おお》きな大《おお》きな忘《わす》れられない宝物《たからもの》を残《のこ》してくれて本当《ほんとう》にありがとう。みいちゃんのことだから、天国《てんごく》でもあったかくて気《き》持《も》ちのいい場所《ばしょ》を見《み》つけているね。

マヤより

たれ耳《みみ》うさぎ

4 いたずらっ子《こ》のゴンへ

ゴンへ

ぼくが今《いま》でもうさぎ好《ず》きで知《し》られるのは、ゴンがいてくれたからやったね。

まだ結婚《けっこん》して間《ま》もないころ、「どうぶつを飼《か》おうか」という話《はなし》になって、ぼくはすぐにうさぎやって思《おも》った。小学生《しょうがくせい》のときに飼《か》っていたうさぎのピーターを、引《ひ》っ越《こ》しで手放《てばな》したせいもあったんかもしれない。

お店《みせ》で白《しろ》と黒《くろ》のうさぎがぼくをじーっと見《み》ていて、昔《むかし》から白《しろ》と黒《くろ》の組《く》み合《あ》わせが好《す》きやったぼくは、「こいつや」って思《おも》った。

嫁《よめ》さんが「ゴン」って呼《よ》びたいからと「ゴンザレス」という強《つよ》そうな名前《なまえ》をつけたのに、3年後《ねんご》に病院《びょういん》で「ゴンちゃんはメスですよ」と言《い》われたときは大笑《おおわら》いした。それまで勝手《かって》に男《おとこ》の子《こ》だと思《おも》い込《こ》んで、女《おんな》の子《こ》あつかいしてなかったかもしれへんな。ごめんな、ゴン。

小《ちい》さなゴンを病院《びょういん》に連《つ》れて行《い》くときは、ナイキのスニーカーの箱《はこ》に入《い》れていたから、先生《せんせい》に「ナイキうさぎ」と呼《よ》ばれてたな。スニーカーの箱《はこ》とゴンの組《く》み合《あ》わせが、ぼくにはたまらなくかわいかった。

うさぎは体《からだ》が弱《よわ》くて、ストレスにも弱《よわ》いから、「ぼくが守《まも》ってあげな」って思《おも》ってた。あるとき、留守番中《るすばんちゅう》にゴンがなにをしているのかが気《き》になって、カメラを取《と》り付《つ》けたことがあったな。一日中《いちにちじゅう》じーっとなんもしてへんくて、何日《なんにち》見《み》ても同《おな》じ格好《かっこう》で、不思議《ふしぎ》やったよ。

一度《いちど》、留守中《るすちゅう》にケージの天井《てんじょう》にあるとびらを開《あ》けて抜《ぬ》け出《だ》したこともあったよな。帰《かえ》ったらゴンはケージの中《なか》にいたけど、ふた部屋分《へやぶん》のティッシュを全部《ぜんぶ》引《ひ》っ張《ぱ》り出《だ》して、部屋《へや》がティッシュの海《うみ》になっていた。うんちもおしっこもして、電気《でんき》のコードもかじりまくって。ゴンの顔《かお》をよーく見《み》たら、ひげがびよよーんとちぢれてたな。バレバレなのになにごともなかったかのように、ちょこんと澄《す》ましているゴンがおかしかった。

ある朝《あさ》、嫁《よめ》さんに「ゴンが死《し》んだ」と言《い》われて起《お》きた。びっくりしすぎて涙《なみだ》が出《で》えへんかった。だけど、いつも足《あし》もとにまつわりついて、ぼくのあとをついて来《く》るゴンがおらん。ひざの上《うえ》にピョンと乗《の》ってくるゴンがおらん。そんなささいなことに、ゴンと二度《にど》と会《あ》えへんことを実感《じっかん》させられた。

あれから数年《すうねん》。もううさぎは飼《か》わへんと思《おも》っていたけれど、今《いま》はお日様《ひさま》の下《した》で遊《あそ》べる環境《かんきょう》でうさぎを飼《か》いたいって思《おも》ってるから、ゴンも遊《あそ》びに来《き》てな。

健司《けんじ》より

第《だい》7話《わ》

ハナが教《おし》えてくれたこと

動物園《どうぶつえん》でゾウの飼育担当《しいくたんとう》になった歩《あゆみ》。ゾウと仲《なか》よくなりたいけれど…。

どうぶつ好《ず》きが高《こう》じて
小学生《しょうがくせい》のころは飼育委員《しいくいいん》に
歩《あゆみ》ってばよくニワトリ小屋《ごや》のそうじできるな～
クサいじゃん
そう？
ニワトリもきれいな部屋《へや》で過《す》ごしてほしいし
すっげー歩《あゆみ》！
やさしいね歩《あゆみ》ちゃん！
そうかな好《す》きでやってるだけだけど…
夢《ゆめ》はやがて目標《もくひょう》となり高校《こうこう》を卒業《そつぎょう》して
将来の目標
動物園の飼育員
わたしは動物園《どうぶつえん》の飼育員《しいくいん》になった

歩《あゆみ》
今日《きょう》からおまえが担当《たんとう》する…
アジアゾウのおばあちゃん
〝ハナ〟だ
わあっ!!
すごいっ まつげ長《なが》い!
意外《いがい》と眼光《がんこう》がするどい
ジロリ
——えっ…

危《あぶ》ない！
グ
チッ
あ…ありがとうございます
バカ！
ハナは3トン以上《いじょう》あるんだ
鼻《はな》ではらわれただけで大《おお》けがするぞ！
先《せん》ぱい飼育員《しいくいん》の泰三《たいぞう》さんによると
ベテラン飼育員《しいくいん》でも飼育中《しいくちゅう》の死亡事故《しぼうじこ》はあるという……
動物園《どうぶつえん》のどうぶつはペットとはちがう
気《き》を抜《ぬ》いたらだめなんだ

ハナ ごはんだよー
はぁ はぁ
ゾウの体《からだ》は大《おお》きいのでエサもたくさん！
おまけにうんちも大量《たいりょう》で一日《いちにち》に50キロのうんちをすることもある
ふー いたたた…
筋肉痛《きんにくつう》とれないや
けどせっかく飼育員《しいくいん》になれたんだ
がんばろう！
おはようございまーす

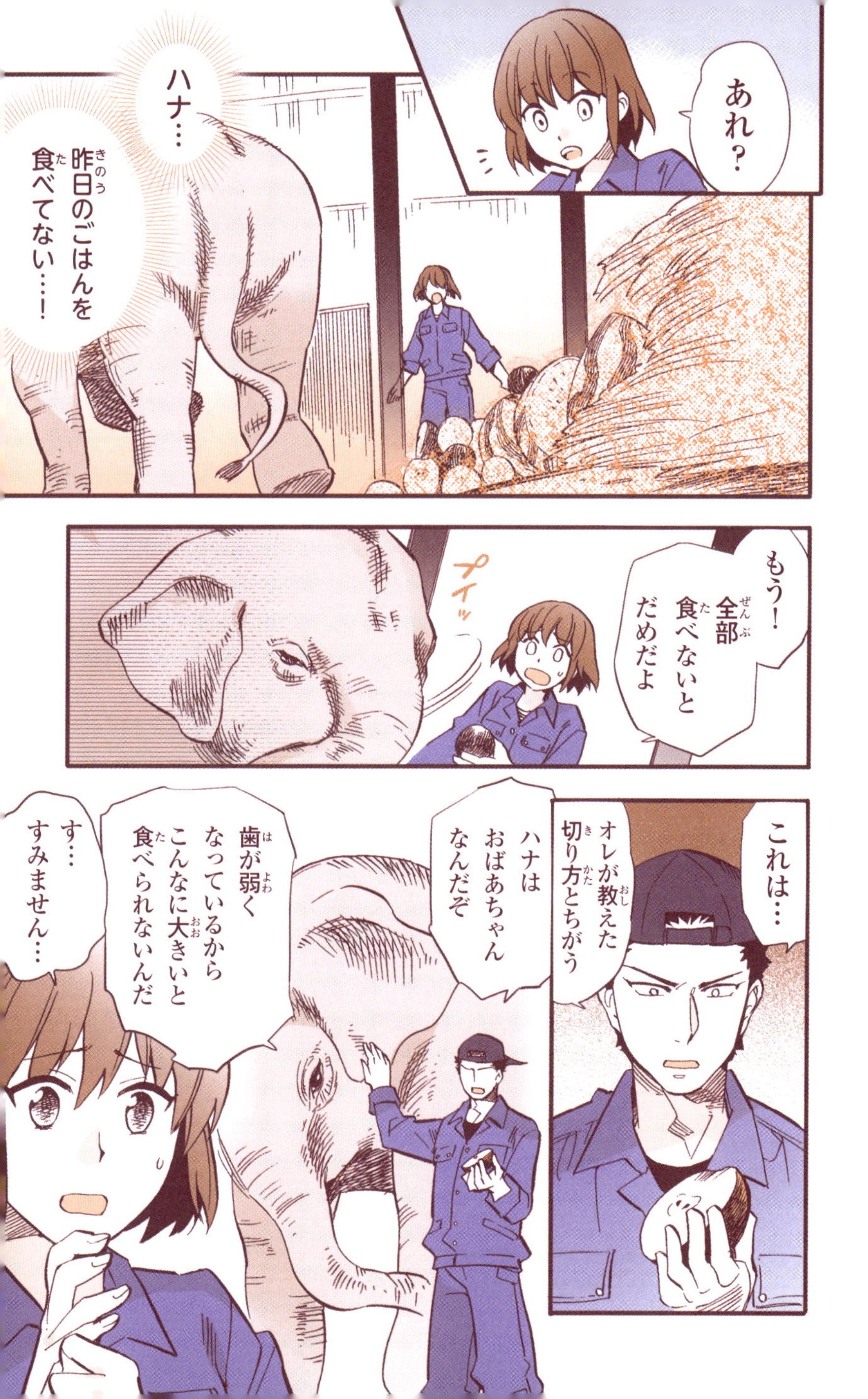
あれ？
ハナ…
昨日《きのう》のごはんを食《た》べてない…！
プイッ
もう！
全部《ぜんぶ》食《た》べないとだめだよ
これは…
オレが教《おし》えた切《き》り方《かた》とちがう
ハナはおばあちゃんなんだぞ
歯《は》が弱《よわ》くなっているからこんなに大《おお》きいと食《た》べられないんだ
す…すみません…

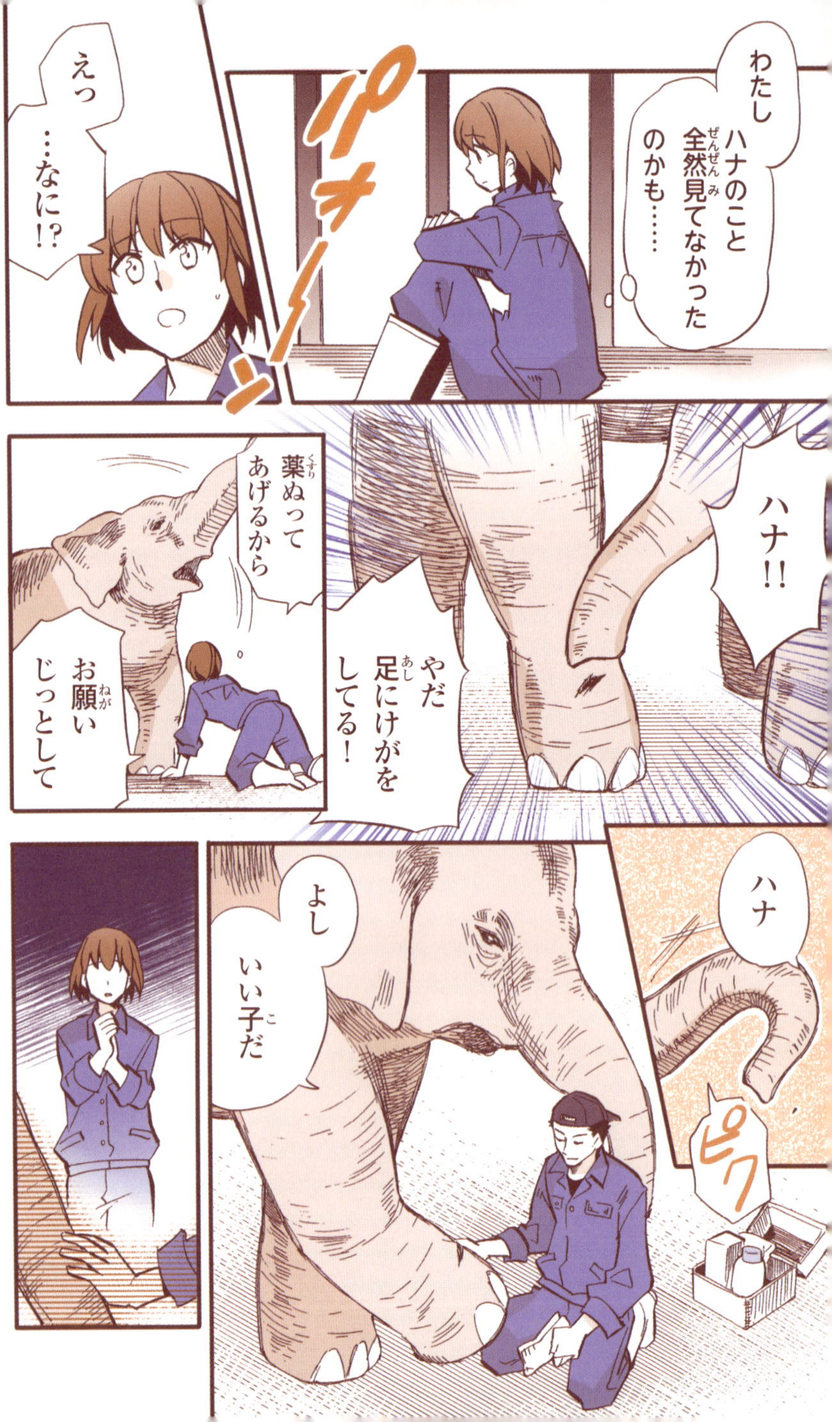
わたし
ハナのこと
全然《ぜんぜん》見《み》てなかった
のかも……
パオーーン
えっ
…なに!?
ハナ!!
やだ
足《あし》にけがを
してる!
薬《くすり》ぬって
あげるから
お願《ねが》い
じっとして
ハナ
ピク
よし
いい子《こ》だ

わたしって ハナになんにも してあげられない…
ポン
泰三《たいぞう》さん…
怒《おこ》られる…！
ゾウってのは 知力《ちりょく》が高《たか》くてさ 信頼関係《しんらいかんけい》を 築《きず》くのも 時間《じかん》がかかる
相性《あいしょう》だって あるし
おまえが特別《とくべつ》 悪《わる》いわけじゃない
愛情《あいじょう》をもって 世話《せわ》すれば
ゾウは必《かなら》ず 応《こた》えてくれる
がんばれよ

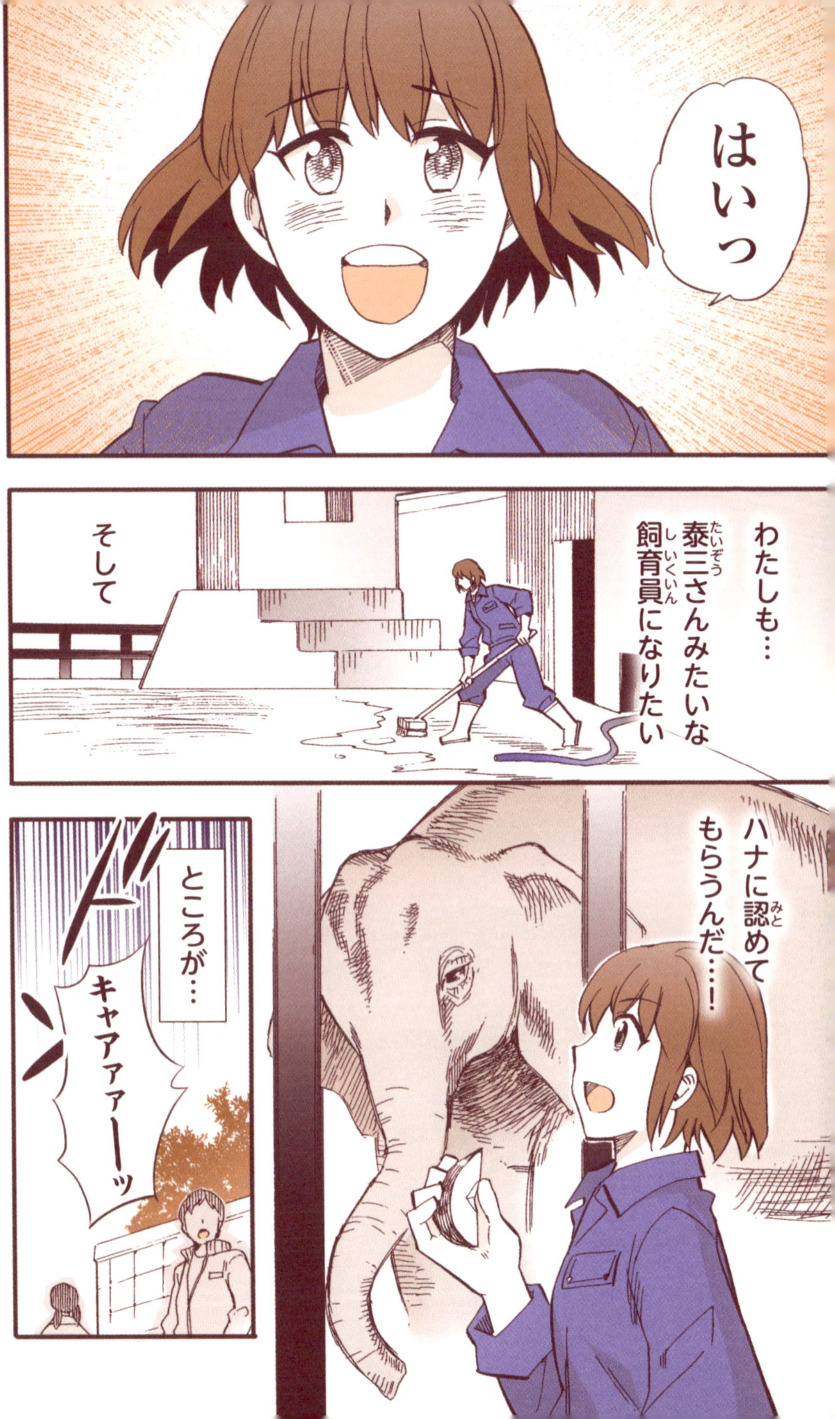
はいっ
わたしも…
泰三《たいぞう》さんみたいな
飼《し》育員《いくいん》になりたい
そして
ハナに認《みと》めて
もらうんだ…！
ところが…
キャアアアーッ

歩《あゆみ》！
骨折《こっせつ》だって⁉
はい…
カーブを曲《ま》がりそこねて
けどもう歩《ある》けます！
しかし…そのけがでは
重労働《じゅうろうどう》の飼育員《しいくいん》は難《むずか》しいな……
園長
けがをしたのは自分《じぶん》の責任《せきにん》だもの
飼育担当《しいくたんとう》をはずされたってだれも責《せ》められない——……

企画課
わたしはけがのため飼育担当《しいくたんとう》から動物《どうぶつ》を知《し》ってもらう仕事《しごと》に異動《いどう》になった
乗馬体験
新《あたら》しい仕事《しごと》もやりがいはある
けど…
ハナ…
ハナ
はあ…
西脇《にしわき》くん
新《あたら》しい企画《きかく》のことだが…
えっ ゾウのうんちで紙《かみ》を作《つく》る!?
そんなことが…
できるんだ

タイに研修《けんしゅう》に行《い》ったときに知《し》ったんだが…
タイやスリランカでは製紙業《せいしぎょう》の発展《はってん》とともに木《き》が多《おお》く切《き》られている
森《もり》がなくなり住《す》み処《か》をうばわれたゾウたち…
ゾウは今《いま》絶滅《ぜつめつ》の危機《きき》に瀕《ひん》しているんだ
だが木《き》を使《つか》わずに紙《かみ》を作《つく》る方法《ほうほう》がある
それがゾウのうんちペーパーだ！

ゾウがそんなことに…知《し》らなかったです
やってくれるか?
はい!
わたし…ハナのためになにかしたいです!!
みんなにゾウの魅力《みりょく》を知《し》ってほしい
ゾウのうんち紙を作る
タイ
WHO
ゴールデンウィーク特別企画
ゾウの現実《げんじつ》を知《し》ってほしい…!
歩《あゆみ》!
ハナのうんち集《あつ》めてきたぞ!
泰三《たいぞう》さん!ありがとうございます

ゾウのうんちペーパーの作《つく》り方《かた》
①集《あつ》めたうんちを洗《あら》って
繊維《せんい》だけを取《と》り出《だ》す
②大《おお》きな鍋《なべ》で煮込《にこ》んで
やわらかくする
③たたいたり
すりつぶして
繊維《せんい》を細《こま》かくする
④ミキサーにかけて
さらに細《こま》かくする
⑤紙《かみ》を漉《す》く※
⑥陰干《かげぼ》し・天日干《てんぴぼ》しを
して完成《かんせい》！
※水《みず》に溶《と》かした原料《げんりょう》を
すのこの上《うえ》にうすくのばすこと。
初《はじ》めての紙作《かみづく》りは
失敗《しっぱい》も多《おお》かったけど…
やぶれた
イベント
やりまーす！
みんなに楽《たの》しんで
もらえるように
準備《じゅんび》した…！

イベント当日《とうじつ》
ゾウのうんちで紙を作ってみよう!
みんなうんちなんていやがるかな…
ドキドキ
集《あつ》まらないかも…
わっ
たくさん集《あつ》まってくれた…!!
これがゾウのうんち!?
紙《かみ》ができるんだって!
わたしたちの使《つか》う紙《かみ》のためにゾウは絶滅《ぜつめつ》に瀕《ひん》していて…
ゾウさんと写真《しゃしん》とる!
つぎオレもー!

すごいじゃないか大成功《だいせいこう》だったな！
えへへ…
うれしいわたしにも
ハナの…ゾウのためにできることがまだあるんだ
あれ？泰三《たいぞう》さんこのうんち…
歩《あゆみ》がハナの体調《たいちょう》が悪《わる》くないかって
本当《ほんとう》だ！
歩《あゆみ》
あの…わたしにもハナの看病《かんびょう》手伝《てつだ》わせてください

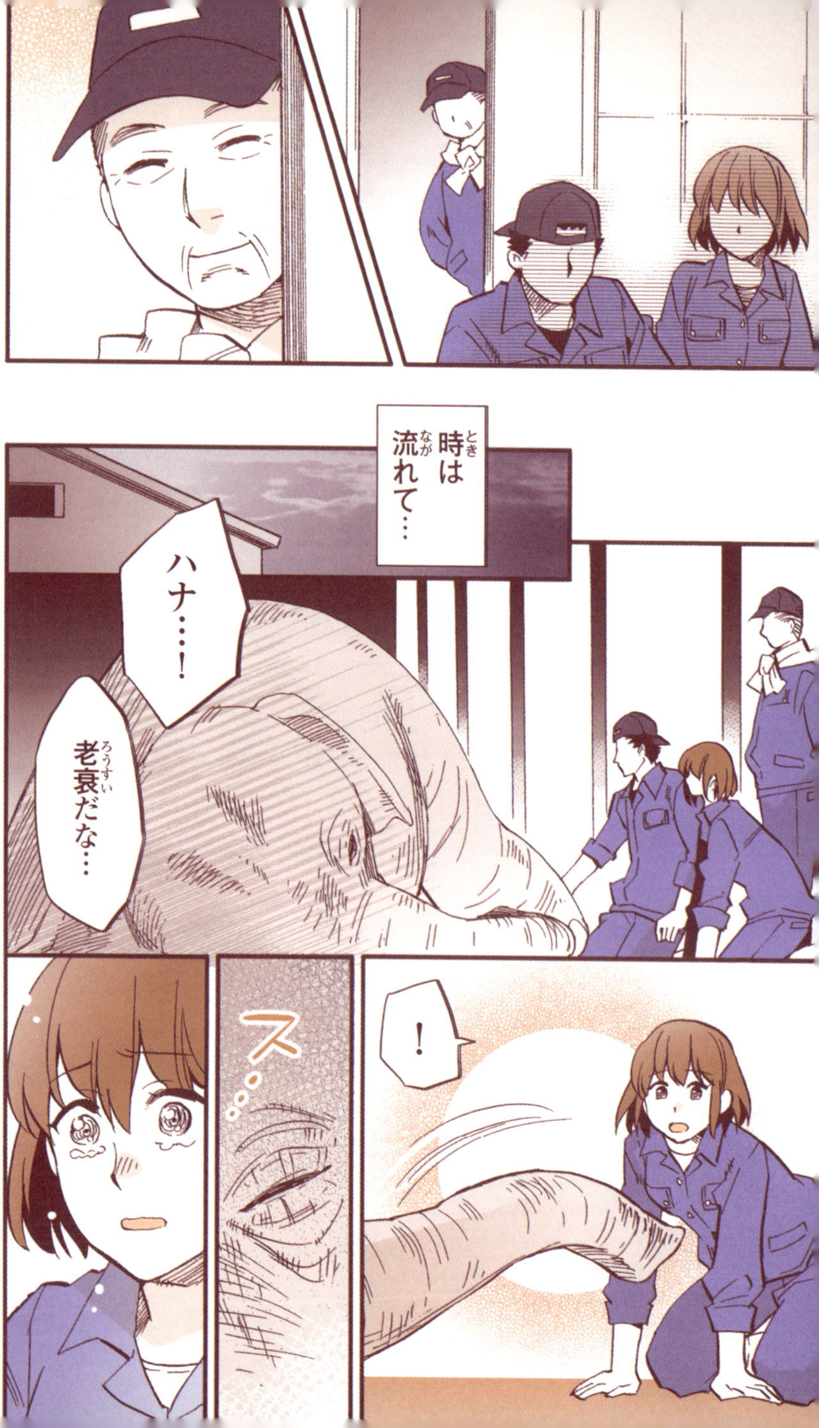

時《とき》は流《なが》れて…
ハナ…!
老衰《ろうすい》だな…
!
ス…

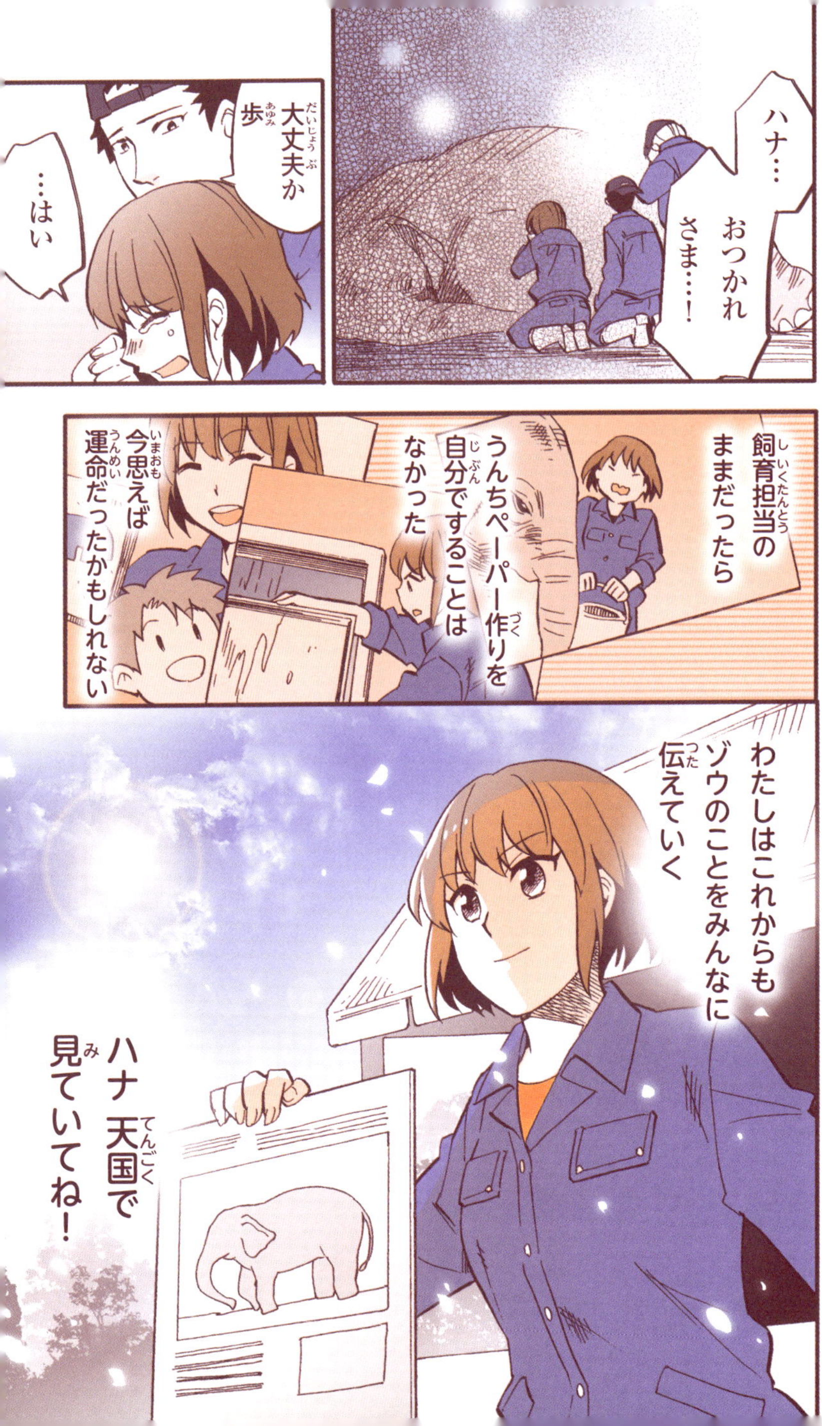
ハナ…
おつかれさま…！
大丈夫《だいじょうぶ》か歩《あゆみ》
…はい
飼育担当《しいくたんとう》のままだったら
うんちペーパー作《づく》りを自分《じぶん》ですることはなかった
今思《いまおも》えば運命《うんめい》だったかもしれない
わたしはこれからもゾウのことをみんなに伝《つた》えていく
ハナ 天国《てんごく》で見《み》ていてね！

青空純《あおぞらじゅん》のどうぶつメモ 1

絶滅《ぜつめつ》しそうなどうぶつ

動物園《どうぶつえん》で人気者《にんきもの》のゾウが絶滅《ぜつめつ》の危機《きき》にあると知《し》って、驚《おどろ》いたかもしれません。ゾウだけでなく、**動物園《どうぶつえん》や水族館《すいぞくかん》で見《み》かけるどうぶつのなかには、絶滅《ぜつめつ》の危機《きき》にあるどうぶつがいます。**

世界的《せかいてき》な自然保護機関《しぜんほごきかん》であるIUCN《アイユーシーエヌ》（国際自然保護連合《こくさいしぜんほごれんごう》）によると、6万《まん》6178種類《しゅるい》のどうぶつ（ほ乳類《にゅうるい》、鳥類《ちょうるい》、は虫類《ちゅうるい》、両生類《りょうせいるい》、魚類《ぎょるい》）のうち、7713種類《しゅるい》が絶滅《ぜつめつ》のおそれがあることがわかっています。

大昔《おおむかし》、恐竜《きょうりゅう》が絶滅《ぜつめつ》してしまったように、生物《せいぶつ》の絶滅《ぜつめつ》は自然《しぜん》のなりゆきだとも言《い》われます。しかし、**現在《げんざい》の絶滅《ぜつめつ》するスピードは速《はや》すぎる**ため、人間《にんげん》の活動《かつどう》による原因《げんいん》が大《おお》きいと見《み》られています。

わたしたち**人間《にんげん》もどうぶつも、一緒《いっしょ》に心地《ここち》よく暮《く》らせる世界《せかい》**を目指《めざ》したいですね！

ツキノワグマ

ツキノワグマの胆《たん》のうは高価《こうか》な薬《くすり》として売買《ばいばい》されてきたこと。さらに、森林《しんりん》の伐採《ばっさい》によりエサがなくなり、人里《ひとざと》にやって来《き》たのを退治《たいじ》されて絶滅《ぜつめつ》の危機《きき》に。

ヤンバルクイナ

1981年《ねん》に発見《はっけん》された、沖縄本島《おきなわほんとう》にしかいない飛《と》べないトリ。マングースやネコにおそわれて数《かず》が減《へ》っている。生態《せいたい》がよくわからないので、保護活動《ほごかつどう》がおくれている。

あ…
けがしてる…
うすよごれた子《こ》ネコはまるで
わたしみたいで——…
おまえ
うちに来《く》る？

第《だい》8話《わ》

ボンネットのネコ

けがでバレリーナの夢《ゆめ》をあきらめた夏菜子《かなこ》は、日本《にほん》に帰国《きこく》して……。

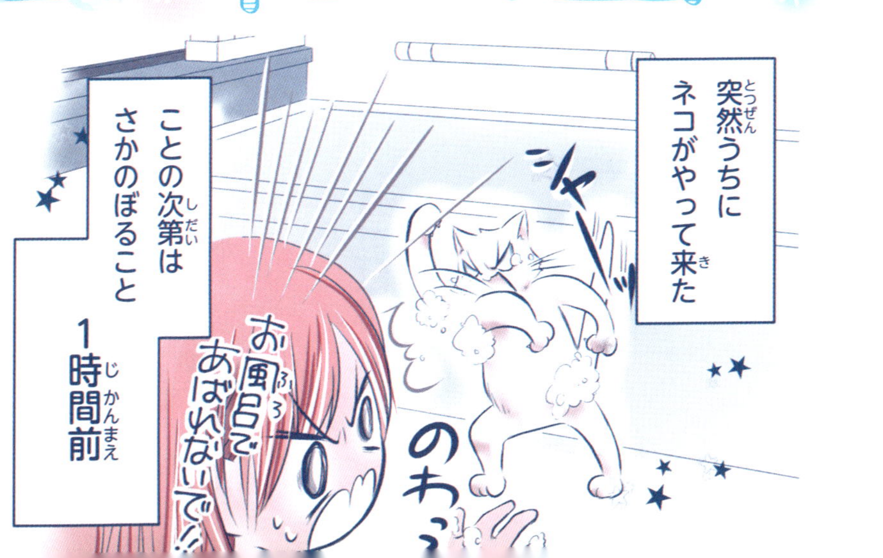
突然《とつぜん》うちにネコがやって来《き》た
シャー
お風呂《ふろ》であばれないで！
のわっ
ことの次第《しだい》はさかのぼること
1時間前《じかんまえ》

車《くるま》のボンネットからネコの鳴《な》き声《ごえ》が聞《き》こえる
車《くるま》の持《も》ち主《ぬし》に知《し》らせる
前足《まえあし》をけがした子《こ》ネコを発見《はっけん》
冬《ふゆ》になると寒《さむ》さをしのごうとネコが車《くるま》の下《した》からボンネットに入《はい》ることがあるんだよなー
車《くるま》の持《も》ち主《ぬし》
あぶないからやめてほしいねー
助《たす》け出《だ》したもののこの寒空《さむぞら》の下《した》子《こ》ネコ一匹《いっぴき》置《お》いていけなくて部屋《へや》に連《つ》れてきちゃったんだよね
あともう少《すこ》しよー
大丈夫《だいじょうぶ》だからあばれないのっ
ふき
ふき
よし!
ほら～!
げっそり
きれいになった!

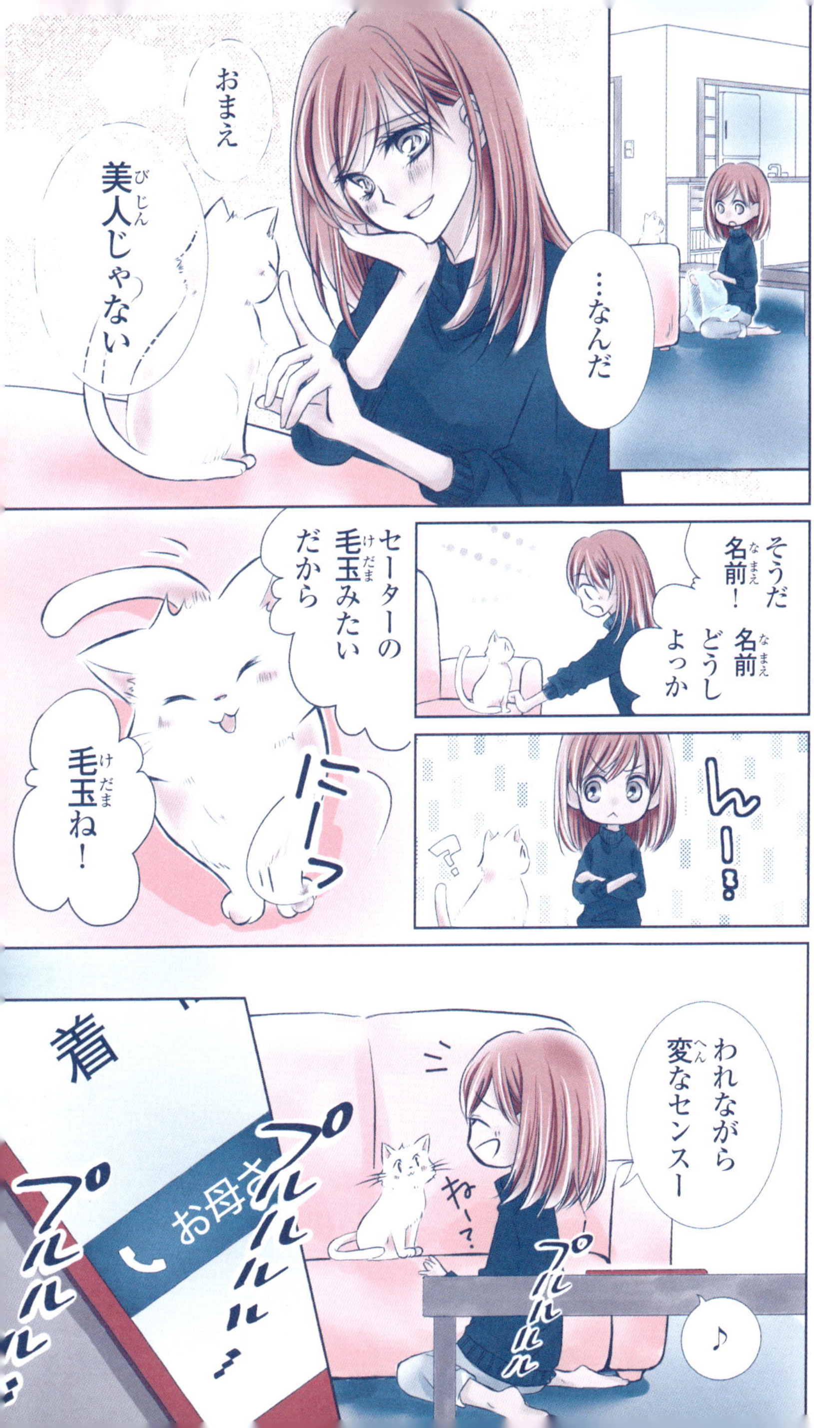
…なんだ
おまえ
美人《びじん》じゃない
そうだ 名前《なまえ》！
名前《なまえ》どうしよっか
んー
?
セーターの毛玉《けだま》みたいだから
ミー
毛玉《けだま》ね！
われながら変《へん》なセンスー
♪
ね～?
プルルル
着
お母さ
プルルル
プルルル

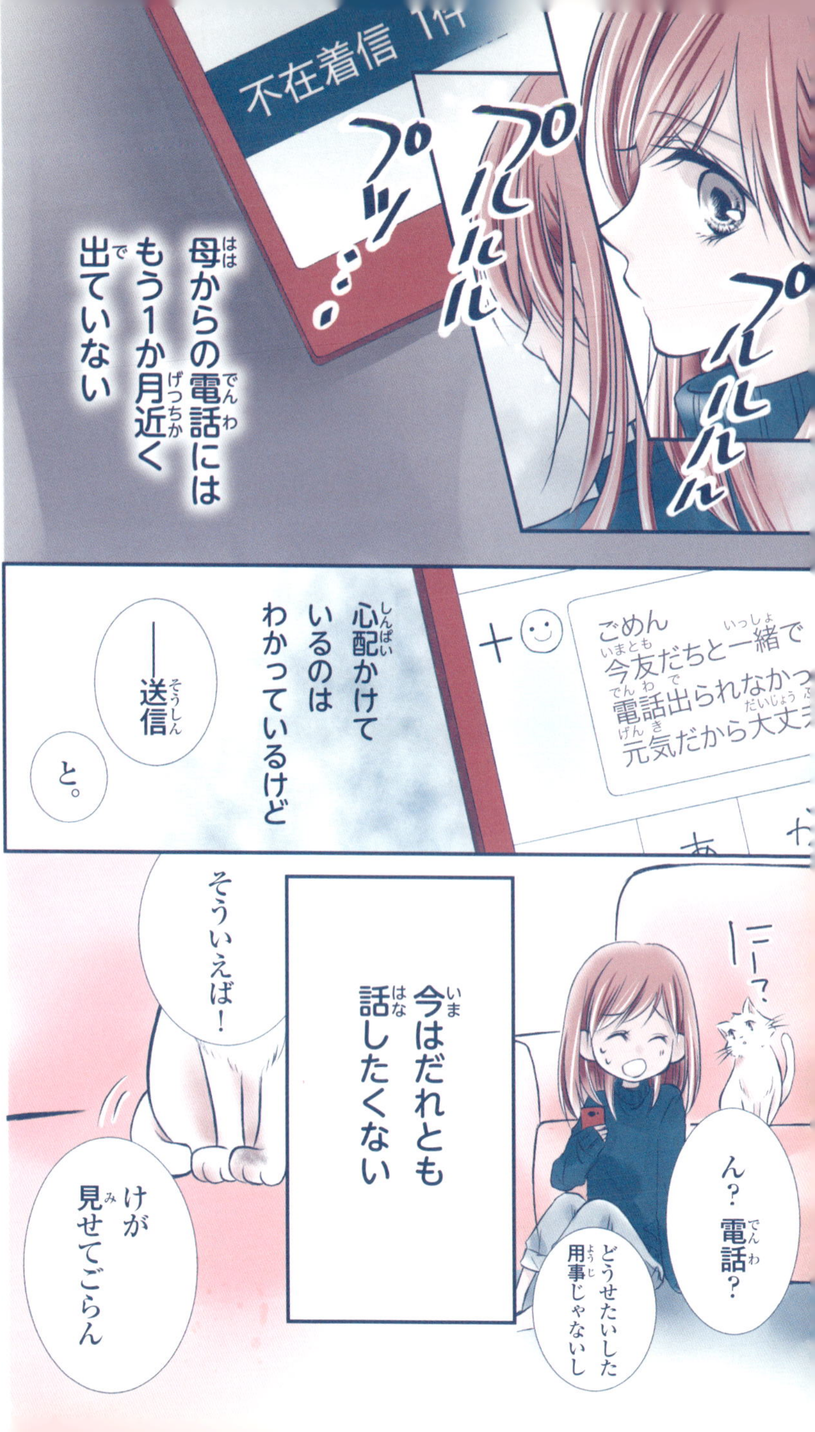
プルルル
プルルル
プツッ…
不在着信 1件
母《はは》からの電話《でんわ》にはもう1か月《げつ》近《ちか》く出《で》ていない
ごめん
今友《いまとも》だちと一緒《いっしょ》で
電話《でんわ》出《で》られなかっ
元気《げんき》だから大丈
心配《しんぱい》かけているのはわかっているけど
――送信《そうしん》
と。
ん？電話《でんわ》？
どうせたいした用事《ようじ》じゃないし
今《いま》はだれとも話《はな》したくない
そういえば！
けが見《み》せてごらん

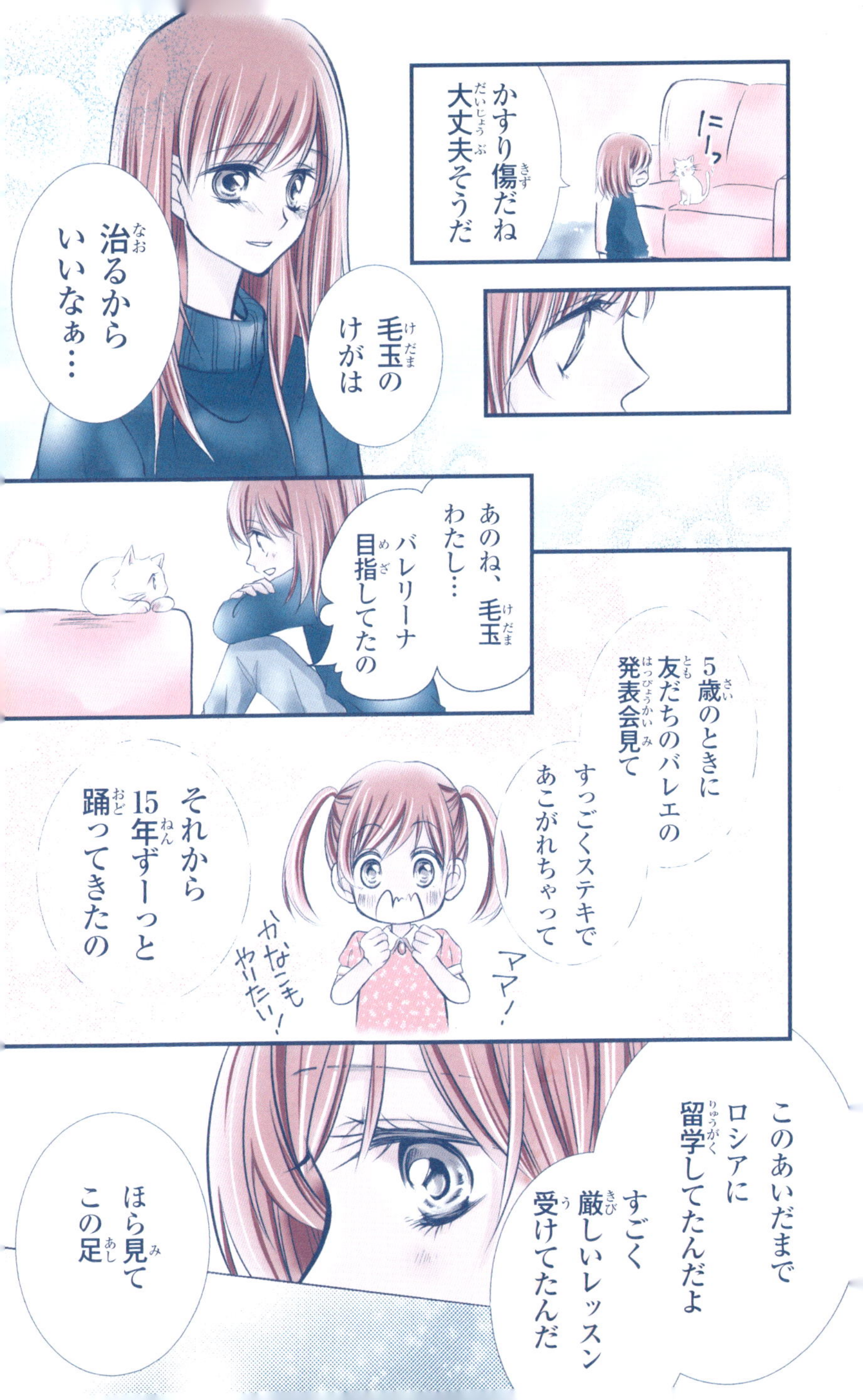
かすり傷《きず》だね
大丈夫《だいじょうぶ》そうだ
にーっ
毛玉《けだま》のけがは
治《なお》るからいいなぁ…
あのね、毛玉《けだま》
わたし…バレリーナ目指《めざ》してたの
5歳《さい》のときに友《とも》だちのバレエの発表会《はっぴょうかい》見《み》て
すっごくステキであこがれちゃって
ママ!
かなこもやりたい!
それから15年《ねん》ずーっと踊《おど》ってきたの
このあいだまでロシアに留学《りゅうがく》してたんだよ
すごく厳《きび》しいレッスン受《う》けてたんだ
ほら見《み》てこの足《あし》

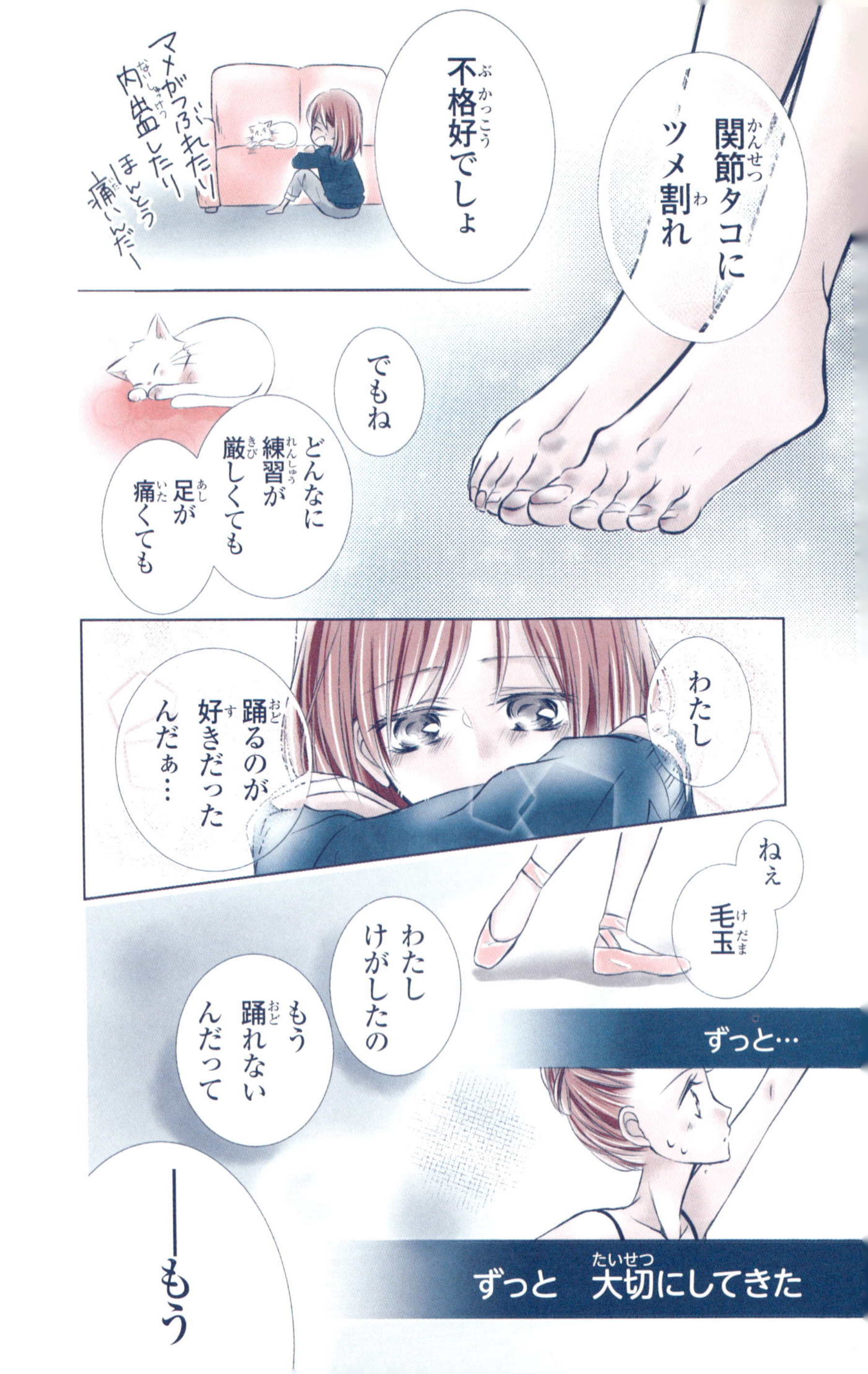

関節《かんせつ》タコに ツメ割《わ》れ
不格好《ぶかっこう》でしょ
マメがつぶれたり 内出血《ないしゅっけつ》したり ほんとう 痛《いた》いんだ～
でもね
どんなに 練習《れんしゅう》が 厳《きび》しくても 足《あし》が 痛《いた》くても
わたし
踊《おど》るのが 好《す》きだった んだぁ…
ねぇ 毛玉《けだま》
わたし けがしたの
もう 踊《おど》れない んだって
ずっと…
ずっと 大切《たいせつ》にしてきた
――もう

わたしの　ただひとつの　夢《ゆめ》
バレリーナにはなれないんだって
わたしからバレエを取《と》ったらなんにも残《のこ》らないのに…
夜《よ》な夜《よ》な夢《ゆめ》に見る
ねえ聞《き》いたー？
夏菜子《かなこ》けががしたみたいよ
『…踊《おど》りたい』
あんなに練習《れんしゅう》がんばってたのに
けがで夢《ゆめ》を断念《だんねん》なんて
相当《そうとう》落《お》ち込《こ》んでるんじゃない？
もう前《まえ》みたいには踊《おど》れないんだって
『踊《おど》らなきゃー』
かわいそう
『前《まえ》みたいに力強《ちからづよ》くしなやかに』
劇団《げきだん》との契約《けいやく》の話《はなし》も来《き》てたのにね
大学《だいがく》も休《やす》みがちみたいよ
『あれ？どうだっけ？』
あっ
『わたしどうやって踊《おど》ってたっけ？』

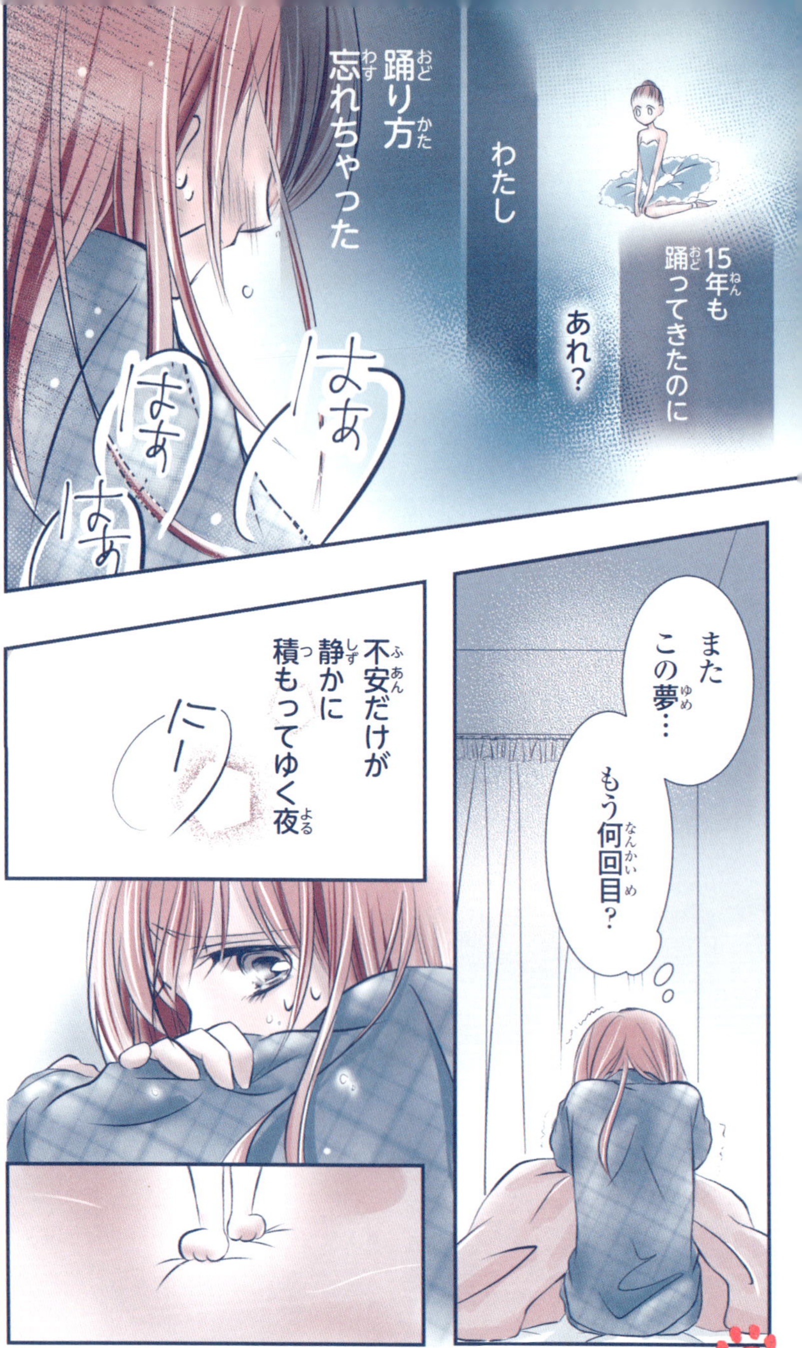
15年《ねん》も踊《おど》ってきたのに
あれ？
わたし
踊《おど》り方《かた》忘《わす》れちゃった
はぁ
はぁ
はぁ
また この夢《ゆめ》…
もう何回目《なんかいめ》？
不安《ふあん》だけが静《しず》かに積《つ》もってゆく夜《よる》
にー

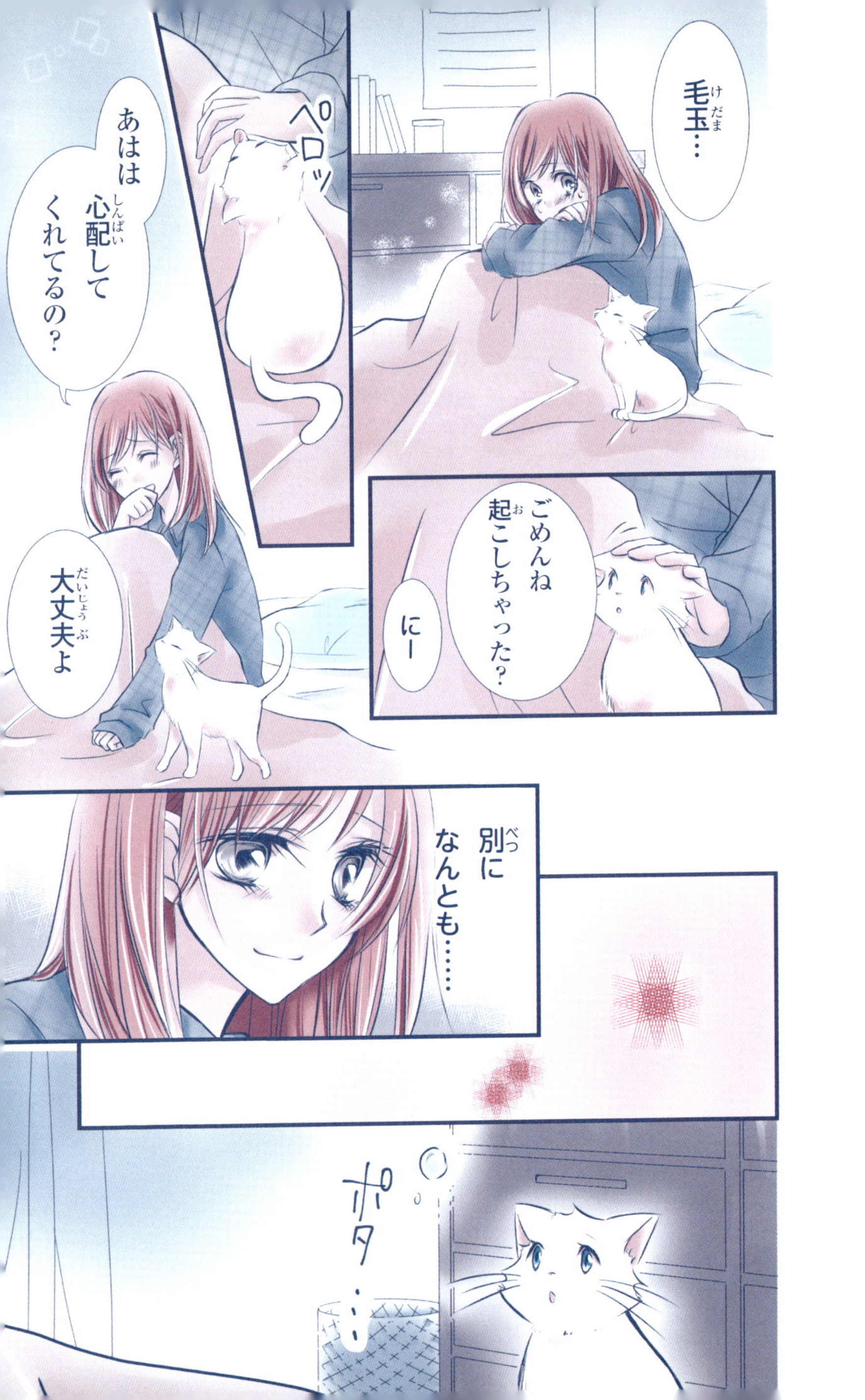
毛玉《けだま》…
ペロッ
あはは
心配《しんぱい》してくれてるの？
ごめんね
起《お》こしちゃった？
にー
大丈夫《だいじょうぶ》よ
別《べつ》に
なんとも……
ポタ…

わたし…
これからどうしたらいいのかな
ひとり泣《な》く夜《よる》
だれにも話《はな》せない
わたしの不安《ふあん》を
わからないよ…
毛玉《けだま》は
そばにいて
聞《き》いてくれた
毛玉《けだま》だけが
わたしの味方《みかた》
なのに ——

毛玉《けだま》…？

窓《まど》のすき間《ま》から
毛玉《けだま》は外《そと》の世界《せかい》に
帰《かえ》ってしまった

なんにも
言《い》わないで
勝手《かって》にどこに
行《い》ったのよ
助《たす》けて
あげたのに

ごはんやトイレの
世話《せわ》だって
してあげたのに
一緒《いっしょ》に遊《あそ》んで
あげたのに
毛玉《けだま》は
楽《たの》しくなかった？
わたしと一緒《いっしょ》じゃ
楽《たの》しくなかった？

毛玉《けだま》は
…そうだよね

あれから
2週間《しゅうかん》…
全然《ぜんぜん》
帰《かえ》って
来《こ》ない

サミシイ

なんて…

毛玉《けだま》と
過《す》ごした日々《ひび》が
恋《こい》しいなんて
思《おも》っちゃ
だめだよね……

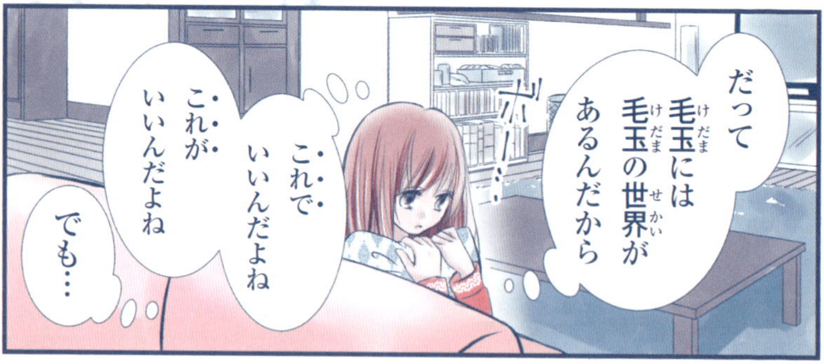
だって
毛玉《けだま》には
毛玉《けだま》の世界《せかい》が
あるんだから
これで
いいんだよね
これが
いいんだよね
でも…

ねえ毛玉《けだま》
けがしてない？
ごはんちゃんと
食《た》べてる？
暖《あたた》かいところで
眠《ねむ》ってる？

あ。

でも
ボンネットの中《なか》は
もうダメよ

それとそれと――…

どうか
どうか元気《げんき》でいてね
なんかわたし
お母《かあ》さんみたい
お母《かあ》さん…
夏菜子《かなこ》元気《げんき》
たまには電《でん》話
お母《かあ》さんもずっとこんな気持《きも》ち？
にーっ

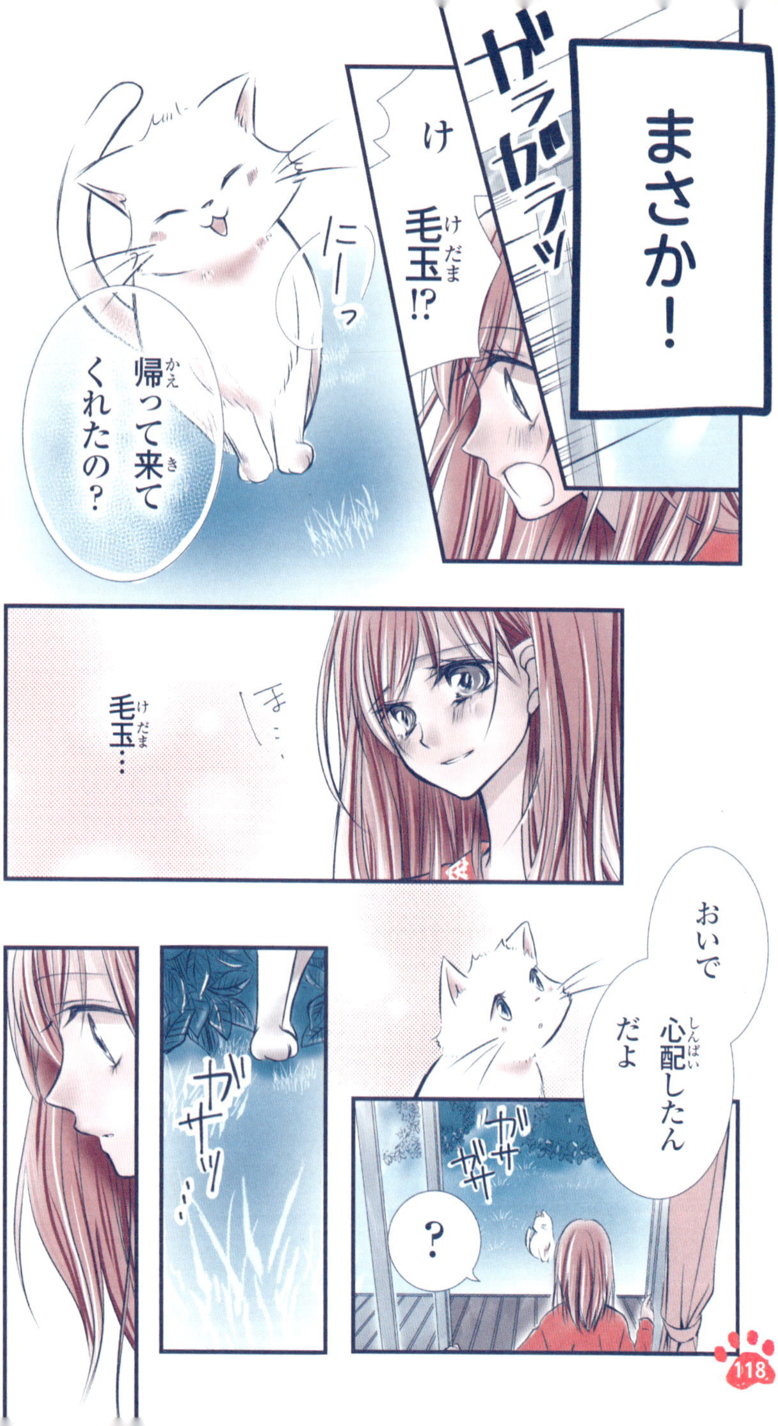
まさか!
ガラガラッ
け
毛玉《けだま》!?
にーっ
帰《かえ》って来《き》てくれたの?
毛玉《けだま》…
おいで
心配《しんぱい》したんだよ
ガサガサ
?
ガサッ…

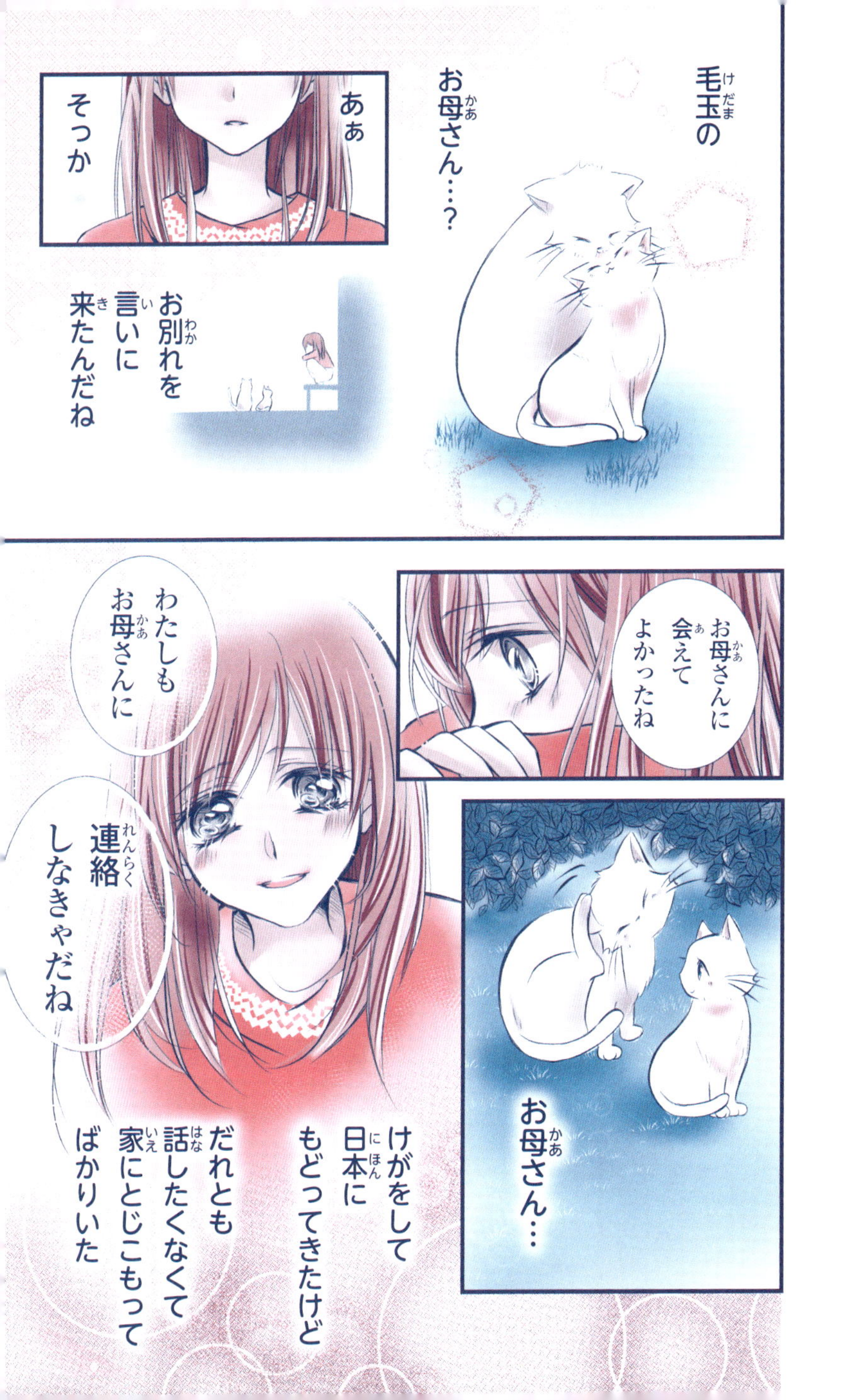
毛玉《けだま》の
お母《かあ》さん…？
あぁ
そっか
お別《わか》れを
言《い》いに
来《き》たんだね
お母《かあ》さんに
会《あ》えて
よかったね
わたしも
お母《かあ》さんに
連絡《れんらく》
しなきゃだね
お母《かあ》さん…
けがをして
日本《にほん》に
もどってきたけど
だれとも
話《はな》したくなくて
家《いえ》にとじこもって
ばかりいた

だけどね
毛玉《けだま》が毎晩《まいばん》
話《はなし》を聞《き》いて
くれたから
わたし、自分《じぶん》に
向《む》き合《あ》うことが
できたんだ
毛玉《けだま》
ありがとね
わたしも前《まえ》に
進《すす》んでみるよ
これまでの経験《けいけん》を
チカラに変《か》えて
——

バイバイ
もしもし
お母《かあ》さん?
うん
うん
今度《こんど》
帰《かえ》るね
元気《げんき》でね
わたしまた
がんばってみる

第《だい》9話《わ》

飼《か》い主《ぬし》を守《まも》ったチロ

飼育放棄《しいくほうき》にあった犬《いぬ》を駄菓子屋《だがしや》のおばあちゃんが助《たす》けて……。

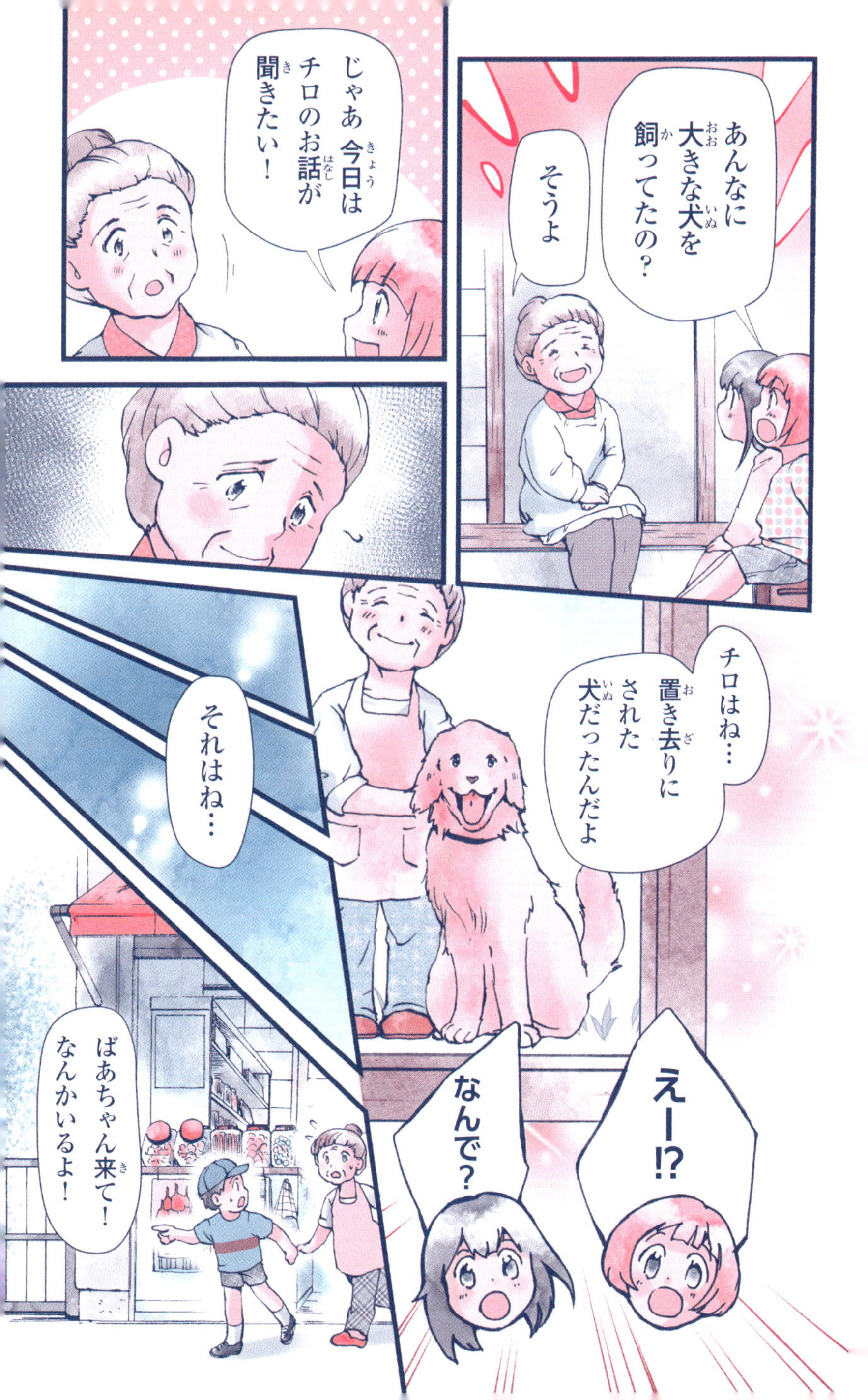

あんなに大《おお》きな犬《いぬ》を飼《か》ってたの？
そうよ
じゃあ今日《きょう》はチロのお話《はなし》が聞《き》きたい！
チロはね…置《お》き去《ざ》りにされた犬《いぬ》だったんだよ
それはね…
えー!?
なんで？
ばあちゃん来《き》て！なんかいるよ！

!
びくっ
どうしてここにこんな大《おお》きな犬《いぬ》がいるんだい？
知《し》ってるのかい？
あれ？この犬《いぬ》どこかで見《み》たことあるよ
う～ん
その首輪《くびわ》は覚《おぼ》えてるんだけどな～

そりゃ大変《たいへん》だ飼《か》い主《ぬし》さん心配《しんぱい》してるでしょう
おまわりさんに電話…
え…
飼《か》い主《ぬし》が見《み》つからない？
引《ひ》っ越《こ》ししたのかもしれません…
犬《いぬ》が逃《に》げ出《だ》しちゃったのかしら
でも迷子犬《まいごいぬ》の届《とど》け出《で》もないんです
もしかしたらこの犬《いぬ》…

飼《か》い主《ぬし》に
置《お》き去《ざ》りにされたのかもしれません
置《お》き去《ざ》り⁉
それが…
「引《ひ》っ越《こ》し先《さき》で飼《か》えないから」とか
「大《おお》きく育《そだ》って子犬《こいぬ》のときよりかわいくなくなった」と言《い》って
ペットを捨《す》てる人《ひと》がいるんですよ

なんだいそりゃ！どうぶつをおもちゃみたいに！
ぼくもそう思《おも》います！
でも…飼《か》い主《ぬし》がいないから
保健所《ほけんじょ》に連《つ》れて行《い》くしかないですね
こんなにおびえているのにそんなところに行《い》って大丈夫《だいじょうぶ》なのかい？
心配《しんぱい》なんですが…
人《ひと》をかんだりしないように連《つ》れて行《い》かないといけないんです

ああ もうっ! 仕方《しかた》ない わたしが 飼《か》います!
えーっ!?
それで そんな大《おお》きい犬《いぬ》 もらったの?
だって 放《ほう》っておけない じゃないか
それから
チロって 名前《なまえ》をつけて 一緒《いっしょ》に 暮《く》らしはじめた んだけれど…
おや 今日《きょう》もごはん 減《へ》ってないわ
ガタン
食《た》べないと 体《からだ》こわすよ チロ

あらら 抜《ぬ》け毛《げ》が からまって かわいそうに
チロ
ブラシでといて あげようか
気持《きも》ち いいよ
たたっ
……
チロの 心《こころ》の傷《きず》は
そう簡単《かんたん》に 消《き》えなかったねぇ

出《で》かけたらすっかりおそくなっちゃったわ
チロおなか空《す》かせてるでしょうねぇ
ガタン
チロ…？
どうしたの？
クウ〜ン…
はっ
もしかして
置《お》き去《ざ》りにされたときのこと思《おも》い出《だ》したのかい？

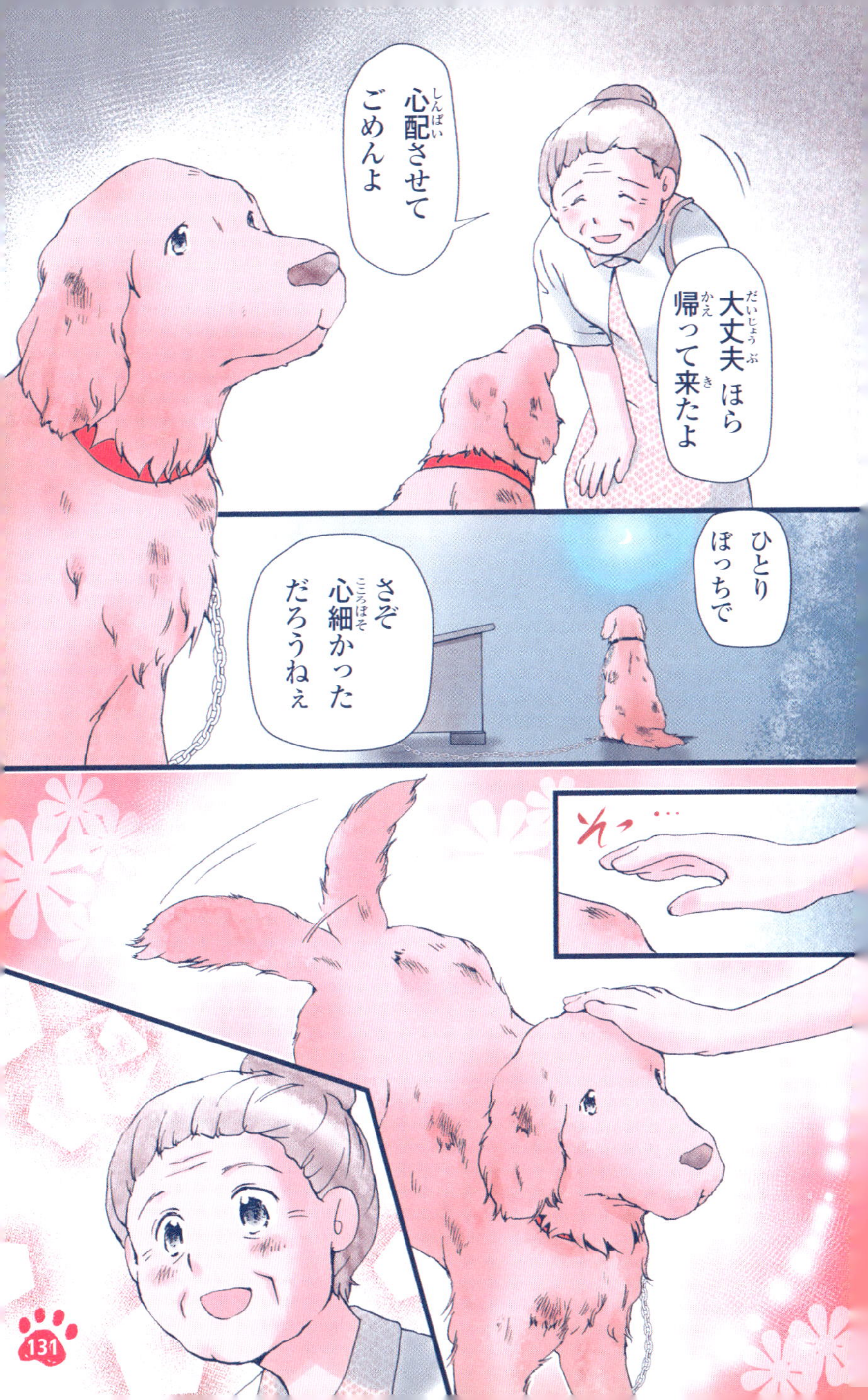
大丈夫《だいじょうぶ》 ほら
帰《かえ》って来《き》たよ
心配《しんぱい》させて
ごめんよ
ひとりぼっちで
さぞ心細《こころぼそ》かっただろうねぇ
そっ…

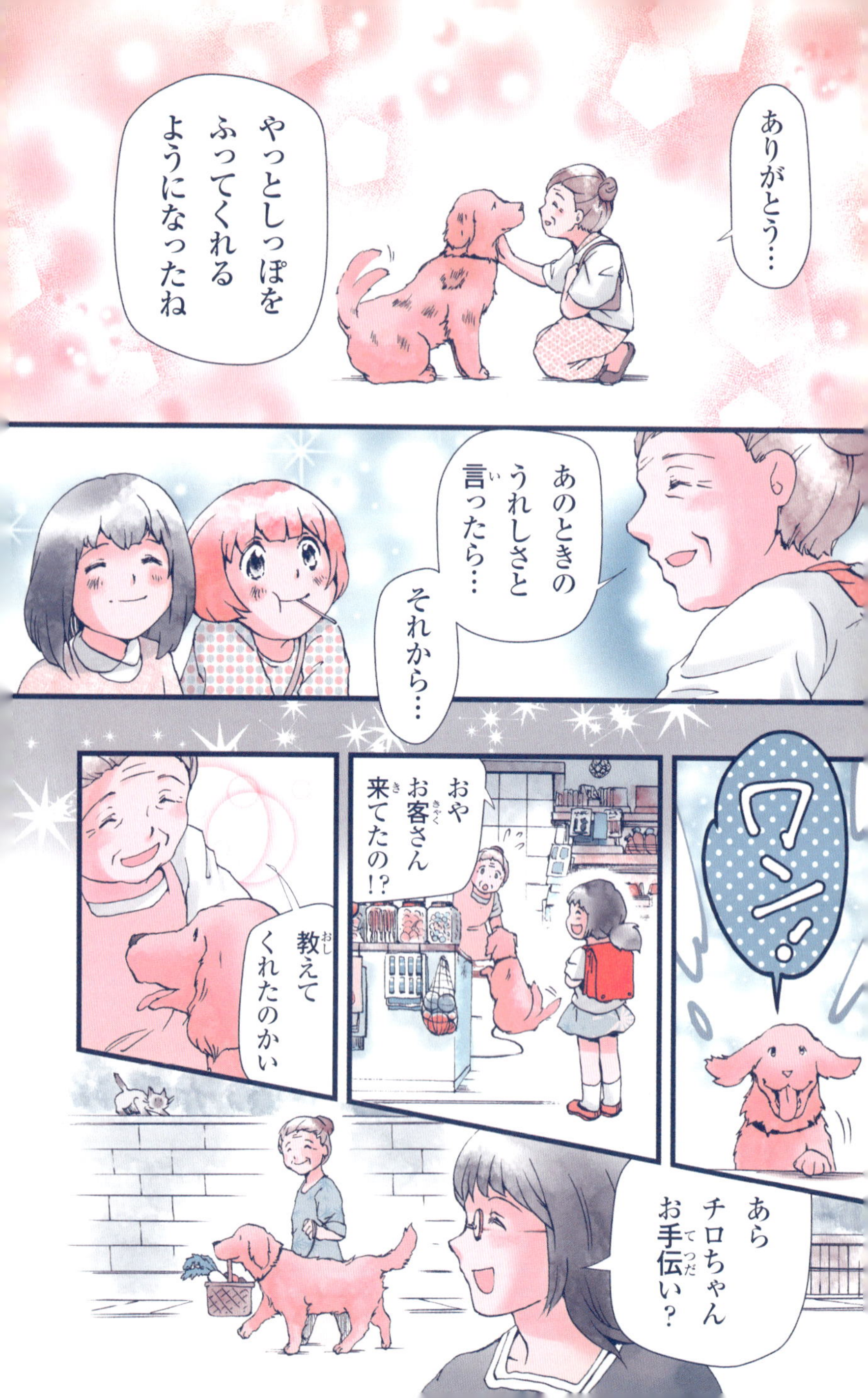
ありがとう…
やっとしっぽをふってくれるようになったね
あのときのうれしさと言《い》ったら…
それから…
ワン!!
おやお客《きゃく》さん来《き》てたの!?
教《おし》えてくれたのかい
あらチロちゃんお手伝《てつだ》い?

チロ！
チロ～
かしこくて やさしいチロは お店《みせ》の人気者《にんきもの》
ばあちゃんの 相棒《あいぼう》に なったわ
けれど 一年《いちねん》 経《た》ったころ…
どんっ

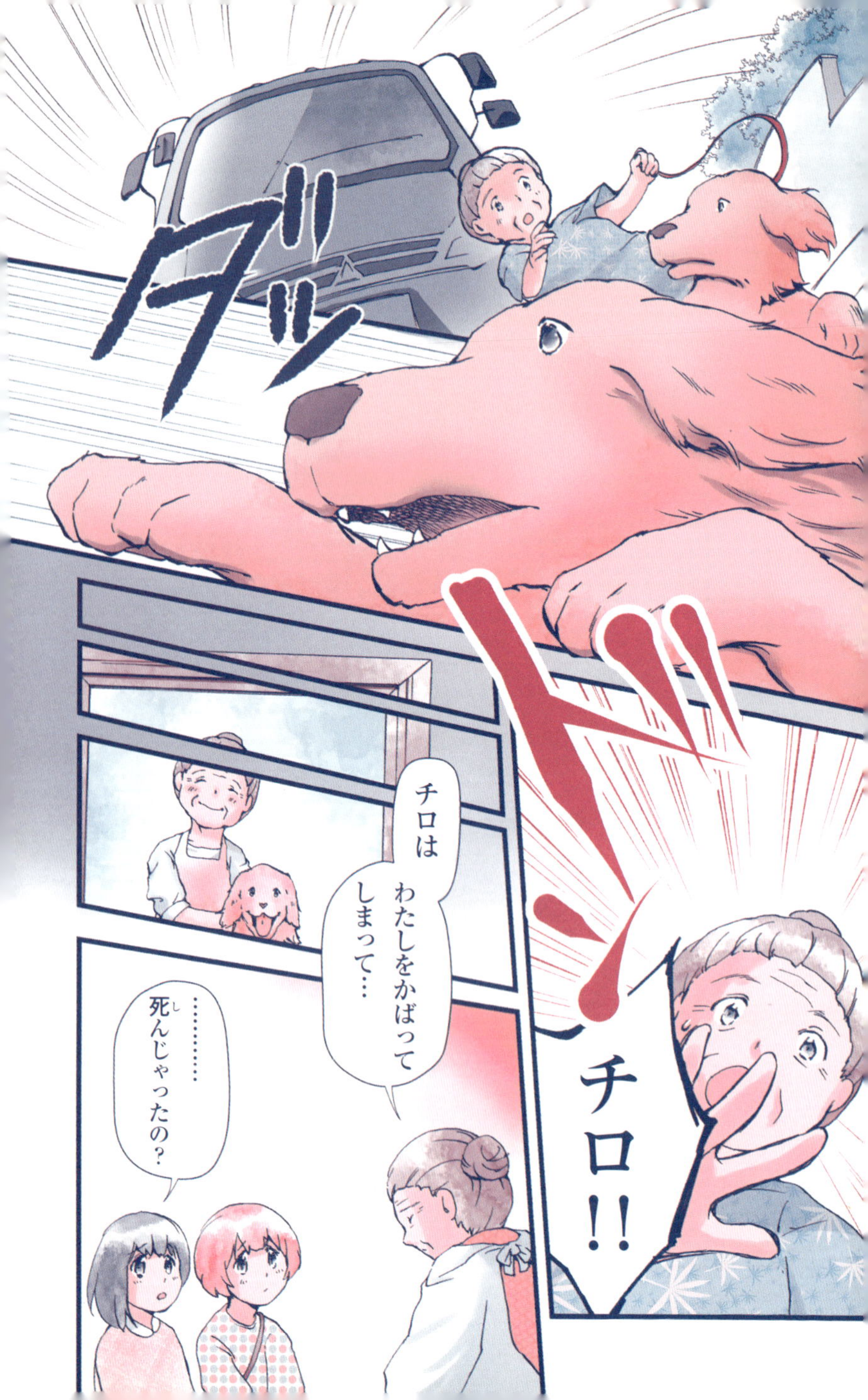
ダッ
ドッ
チロ!!
チロは わたしをかばって しまって…
………… 死《し》んじゃったの？

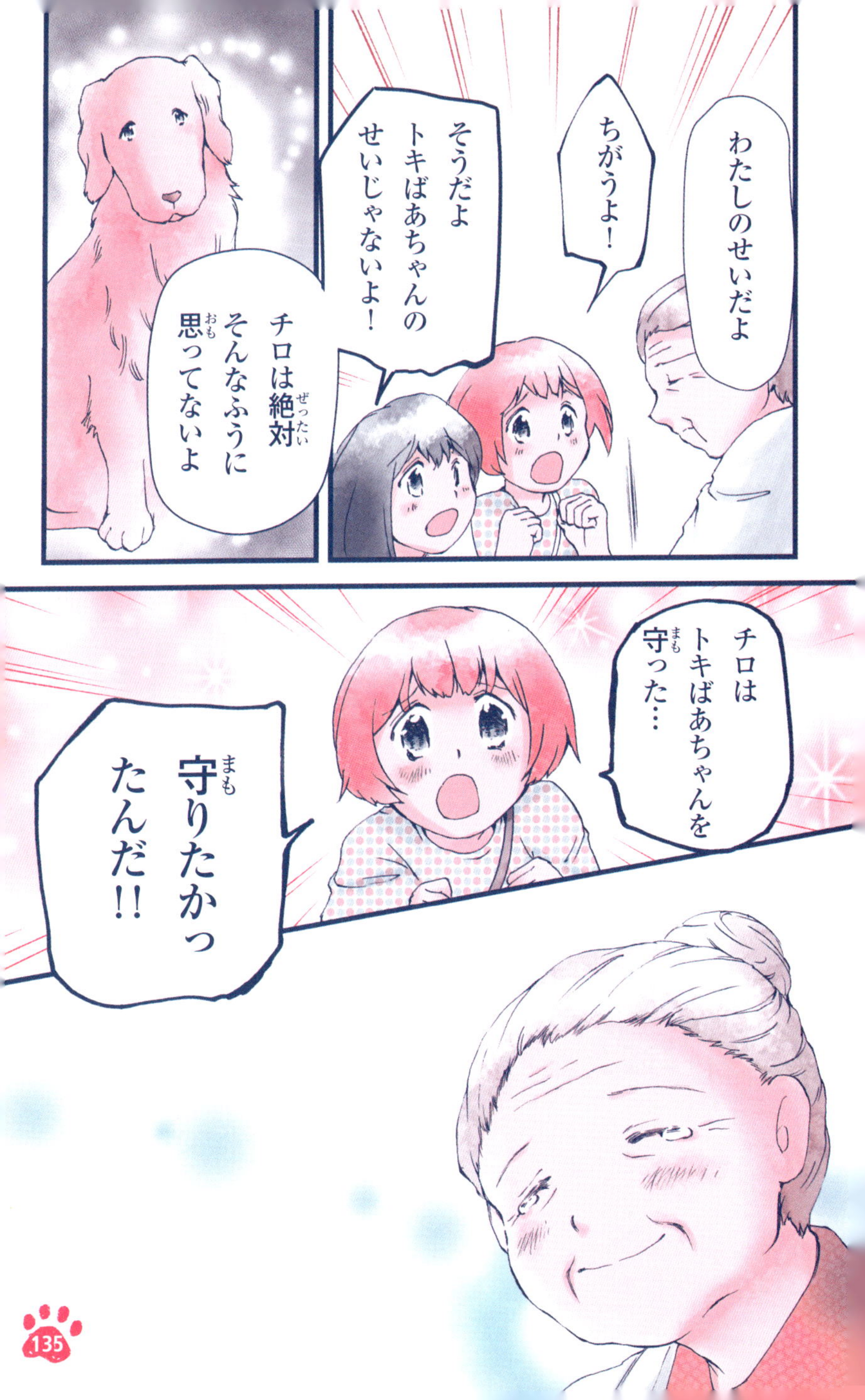
わたしのせいだよ
ちがうよ!
そうだよ トキばあちゃんの せいじゃないよ!
チロは絶対《ぜったい》 そんなふうに 思《おも》ってないよ
チロは トキばあちゃんを 守《まも》った…
守《まも》りたかった んだ!!

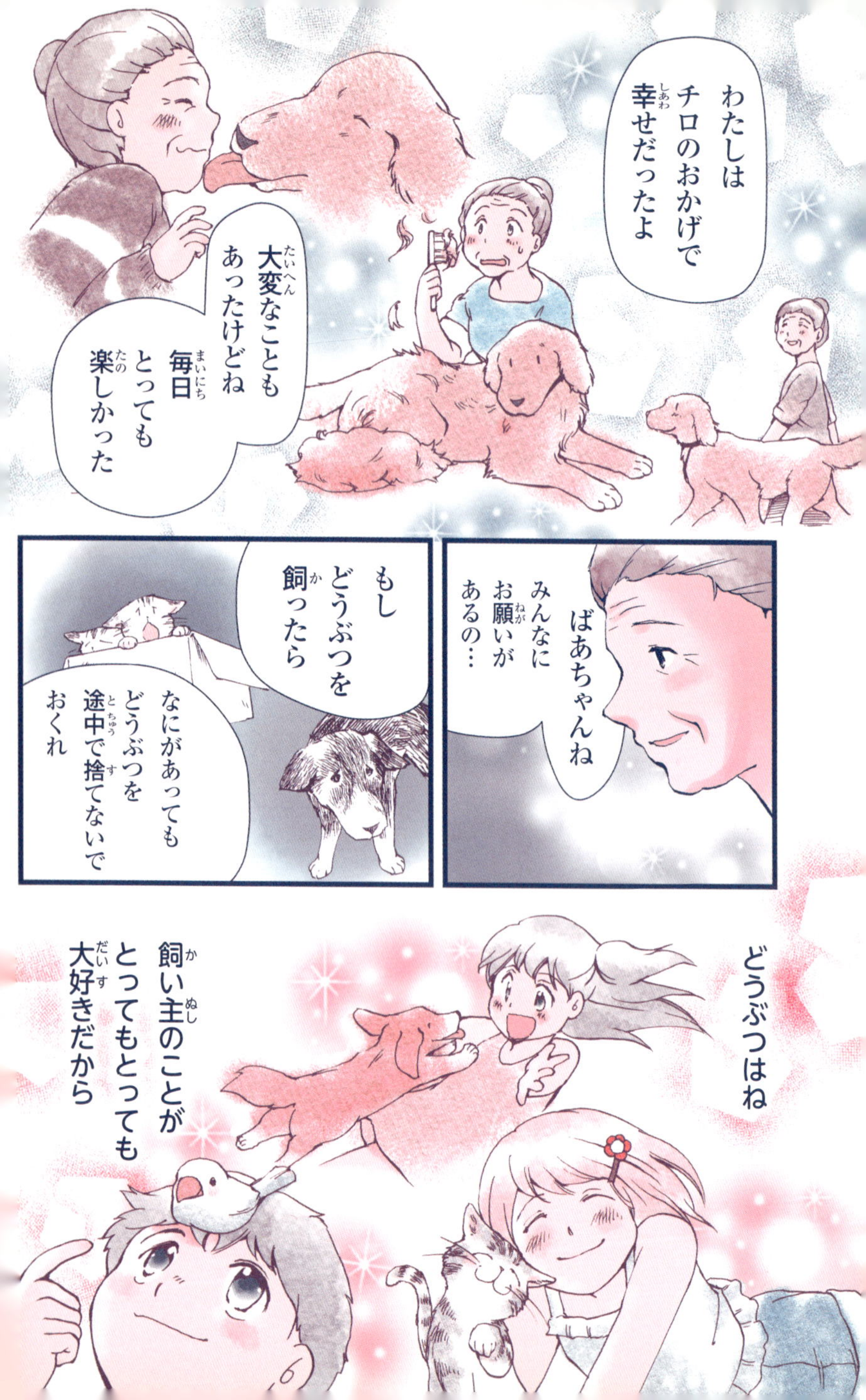
わたしは チロのおかげで 幸《しあわ》せだったよ
大変《たいへん》なことも あったけどね 毎日《まいにち》 とっても 楽《たの》しかった
ばあちゃんね みんなに お願《ねが》いが あるの…
もし どうぶつを 飼《か》ったら
なにがあっても どうぶつを 途中《とちゅう》で捨《す》てないで おくれ
どうぶつはね
飼《か》い主《ぬし》のことが とってもとっても 大好《だいす》きだから

捨《す》てられたり
ひどいことを
されたら
深《ふか》く深《ふか》く
傷《きず》ついてしまうの
とても悲《かな》しくて
ずーっと
忘《わす》れられない
くらいに
うん
絶対《ぜったい》しない！
わたしも
約束《やくそく》するよ！
チロ ありがとう

第《だい》10~17話《わ》 山野《やまの》りんりんの ウチのネコ たまに犬《いぬ》

ふり向《む》き方《かた》

ちょぼー
んな
「ちょぼ」を呼《よ》ぶと
こう ふり向《む》きますが
すぶたー
「すぶた」を呼《よ》ぶと…
うわん
ごろん
……
ゴー
ゴゴ
この
ふり向《む》き方《かた》って
どうなんでしょう

ごろん

がしっ
ごろん

マンガ家《か》の山野《やまの》りんりんさんのおうちには、年寄《としよ》りネコと子《こ》ネコ、犬《いぬ》1匹《ぴき》が仲《なか》よく暮《く》らしているよ。にぎやかな生活《せいかつ》をのぞいてみよう！

寝《ね》るとこない

さー そろそろ寝《ね》るか…
こたつでアイス
ふとん
まくら
夫《おっと》
…どこで？

なかよし

「ちょぼ」と「すぶた」はとっても仲《なか》よし
ちょぼ 13さい オス
すぶた
9さい オス
よく一緒《いっしょ》に行動《こうどう》していますが
先日《せんじつ》は…
てけ てけ てけ
甘党
てけてけてけてけ
不思議《ふしぎ》な光景《こうけい》でした……
顔《かお》をのせて歩《ある》いてる！

なの（メス※享年《きょうねん》19歳《さい》）

マイペースおじょう様《さま》。

すぶた（オス※享年《きょうねん》16歳《さい》）

大《おお》きくてのんびり屋《や》さん。

ちょぼ（オス※享年《きょうねん》15歳《さい》）

みんなのボス。めんどう見《み》がよい。

※亡《な》くなった年齢《ねんれい》のこと。

なのぼんベッド

「なの」16歳《さい》8か月《げつ》
ほぼ寝《ね》たきり
このへんで
…ですが、寝相《ねぞう》バリエーションがかわいい
のびーーー
特《とく》にコレ、お気《き》に入《い》り
ぴとっ

まると晩年《ばんねん》のちょぼ

毛布《もうふ》
たったったっ
ずりずりずり
ぱさっ
でき上《あ》がり!

小梅《こうめ》（メス現在《げんざい》4歳《さい》）

小麦《こむぎ》の妹《いもうと》。不思議《ふしぎ》ちゃん。

小麦《こむぎ》（オス現在《げんざい》4歳《さい》）

新《しん》ボス。やさしくて甘《あま》えんぼう。

まる（メス現在《げんざい》6歳《さい》）

明《あか》るくて甘《あま》えんぼう。ちょぼに育《そだ》てられた。

まると小麦《こむぎ》、小梅《こうめ》

キャーー
ドドドドド
まるちゃんに食《た》べられるぅー
じゃれてるだけだって！
数《すう》か月後《げつご》
ガブ
ガブ
ガブ
ガブ
ガブ
まるちゃんが食《た》べられるぅー
じゃれてるだけだって…ハハハ

なのぼんの秘密《ひみつ》

「なの」
てけっ
てけっ
てけっ
超高齢《ちょうこうれい》
歩《ある》くときは
てけっ
てけっ
ゆーーっくりなのですが
あっなの
なのだー
こうめ
ともに1さいはん
こむぎ
危険《きけん》を察知《さっち》すると
めちゃ速《はや》い
だーーっ

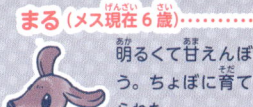

第《だい》18話《わ》

ボスがくれたモノ

引《ひ》っ込《こ》み思案《じあん》の沙希《さき》は参加《さんか》したサマーキャンプで大《おお》きな犬《いぬ》と出会《であ》う。

うわ…知《し》らない人ばっかり！
友《とも》だちできるかなぁ…
宮下沙希《みやしたさき》（中《ちゅう》2）
ねえ見《み》て見《み》て！

わー大《おお》きくてかわいい！
オーナーさんこのコの名前《なまえ》は？
ボスっていうの
迷《まよ》い犬《いぬ》でね 飼《か》い主《ぬし》が見《み》つからなくて ここに居《い》ついちゃったのよ
うちにはネコがいるから世話《せわ》が大変《たいへん》で…
なでてみる？
いいんですか？
ふわっ

わっ かわいい～～！
すり
………
清水奏太《しみずそうた》（中《ちゅう》2）
彼《かれ》 どこの学校《がっこう》かな？
聞《き》いてみようか
あのー…どこの中学《ちゅうがく》？
え？城南中《じょうなんちゅう》だけど…
奏太ー
なんかクールで近寄《ちかよ》りがたいね…

オリエンテーリングを始《はじ》めまーす！
番号《ばんごう》を書《か》いた紙《かみ》を引《ひ》いて同《おな》じ番号《ばんごう》同士《どうし》でペアを組《く》んでください
あっ同《おな》じ番号《ばんごう》だ
ひょいっ
オレ 清水奏太《しみずそうた》よろしく
にこ
ドキッ
わ…わたしは宮下沙希《みやしたさき》よろしくね！

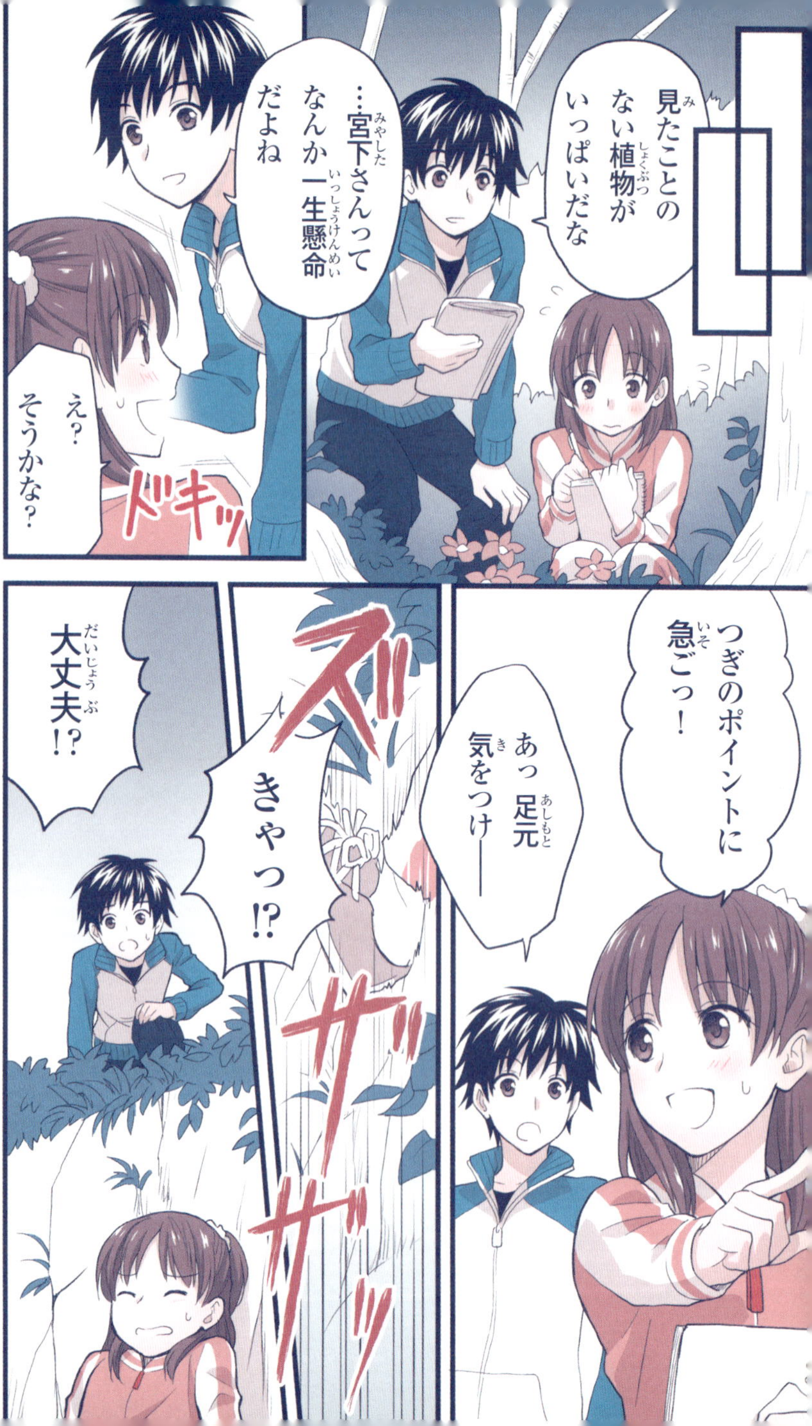
見《み》たことのない植物《しょくぶつ》がいっぱいだな
…宮下《みやした》さんってなんか一生懸命《いっしょうけんめい》だよね
え？そうかな？
ドキッ
つぎのポイントに急《いそ》ごっ！
あっ 足元《あしもと》気《き》をつけ――
ズザザッ
きゃっ!?
大丈夫《だいじょうぶ》!?

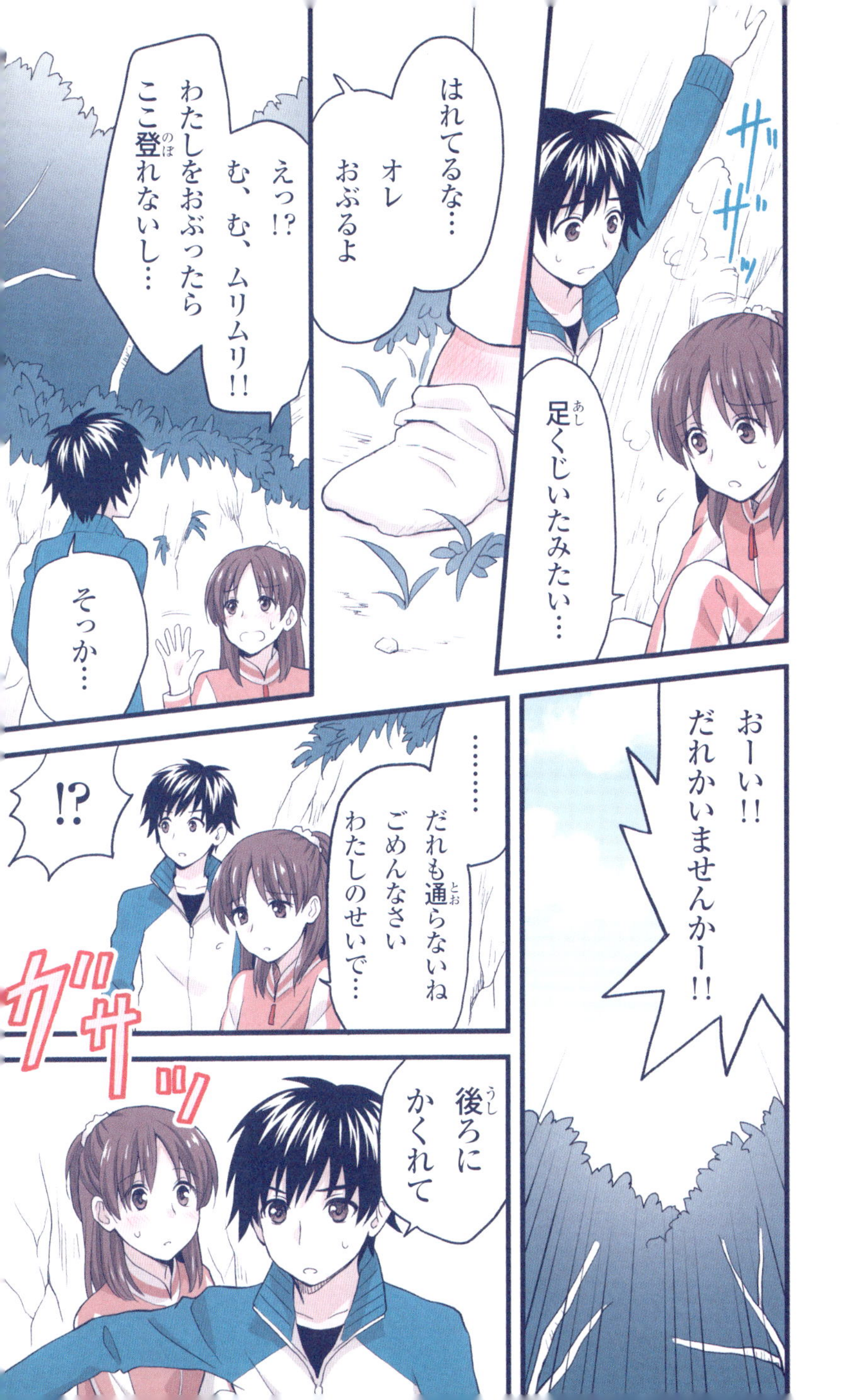
ザザザッ
足《あし》くじいたみたい…
はれてるな…
オレ
おぶるよ
えっ!?
む、む、ムリムリ!!
わたしをおぶったら
ここ登《のぼ》れないし…
そっか…
おーい!!
だれかいませんかー!!
……
だれも通《とお》らないね
ごめんなさい
わたしのせいで…
!?
ガサッ
後《うし》ろに
かくれて

カサ
あっ…
ボス!
助《たす》けに来《き》てくれたの?
パク
ボス!?
ダッ

くつ持《も》って行《い》かれちゃったな…
やっぱりオレがだれかを呼《よ》びに行《い》ってくるよ
待《ま》って…!
ぎゅ…
あの～わたし…
ドキッ
沙希《さき》ちゃーん! 奏太《そうた》くーん!
こ…ここでーす!
あっ
ボス!!

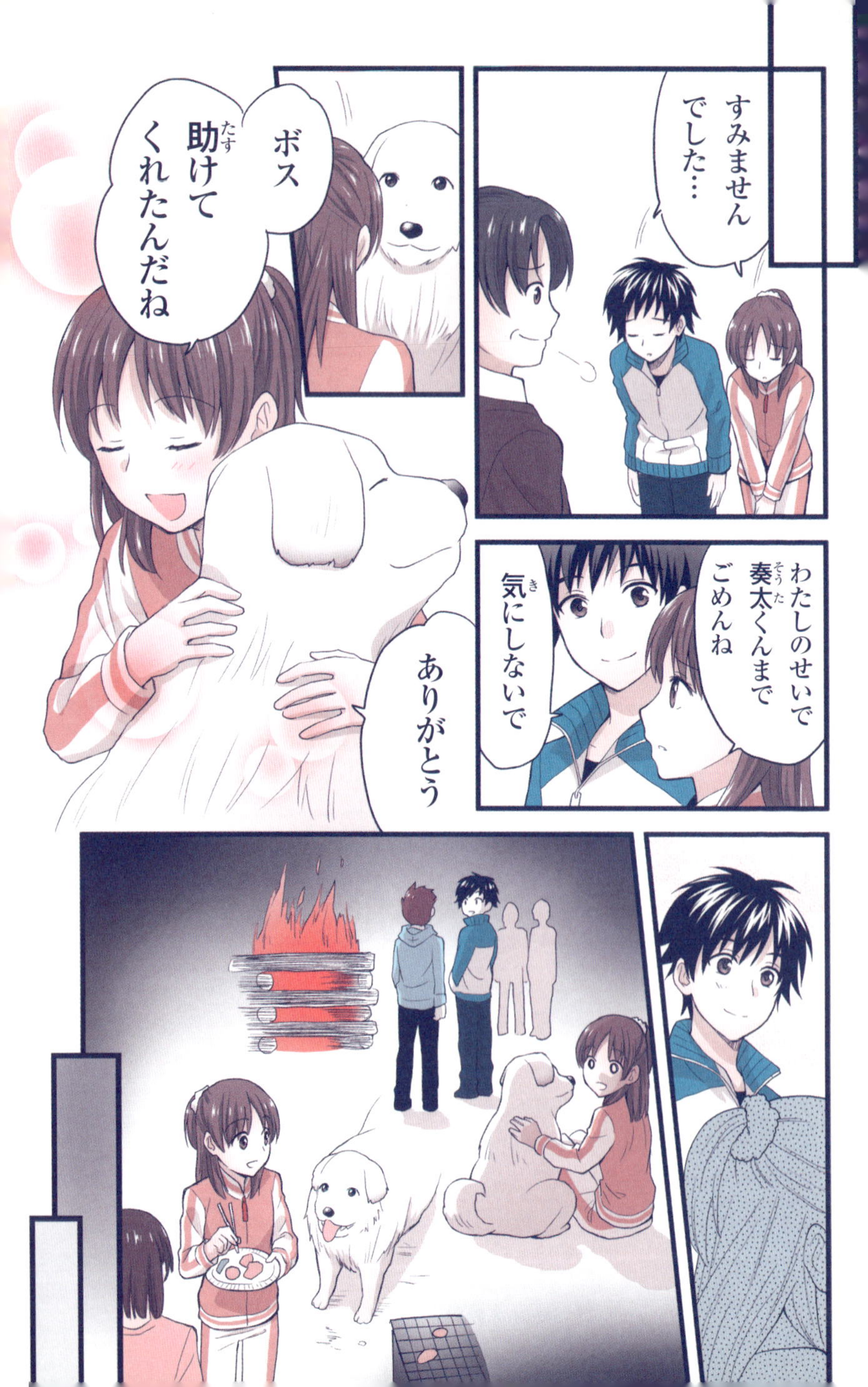

すみませんでした…
ボス助《たす》けてくれたんだね
わたしのせいで奏太《そうた》くんまでごめんね
気《き》にしないで
ありがとう

先日《せんじつ》は娘《むすめ》がお世話《せわ》になりました
この子《こ》が沙希《さき》を助《たす》けてくれたボスくんね！
ありがとう！
普段《ふだん》ボスから寄《よ》って行《い》くことなんてないんですけどね
沙希《さき》ちゃんには不思議《ふしぎ》となついて
……オーナーさん
わたしボスを家《いえ》で飼《か》いたい
え？
もともと迷《まよ》い犬《いぬ》だし沙希《さき》ちゃんならこちらはかまいませんが…
いきなり言《い》われてもなぁ…

ウルウルウル
……
…わかったよ
これからよろしくねボス
ワンッ
キャンプ楽《たの》しかったなぁ
すり
ふふっ
ボスに会《あ》えたし!
ぎゅっ

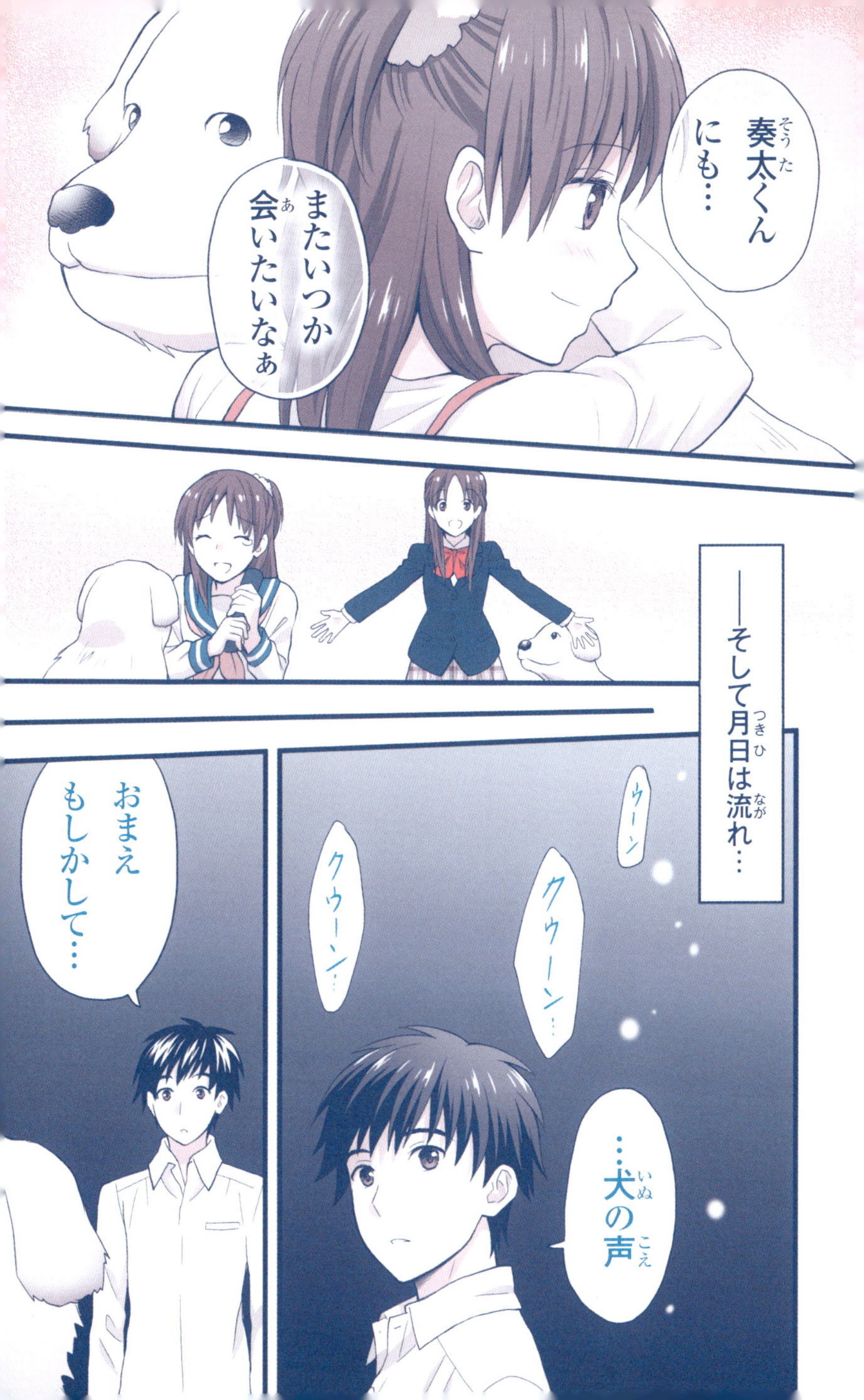

奏太《そうた》くんにも…
またいつか会《あ》いたいなぁ
——そして月日《つきひ》は流《なが》れ…
ウーン
クウーン…
クウーン…
…犬《いぬ》の声《こえ》
おまえもしかして…

ボス…？
ワンッ
……夢《ゆめ》？
なつかしいな もう7年前《ねんまえ》か
元気《げんき》にしてるかな…
…よしっ！
えっ!?
宮下《みやした》さんが引《ひ》き取《と》った？

ええ あのあとすぐに ほら 毎年《まいとし》 年賀状《ねんがじょう》を 送《おく》ってくれて
会《あ》いに行《い》っても いいかなぁ…
ずっと ボスにお礼《れい》を 言《い》いたかったんです
でも あのあと すぐに引《ひ》っ越《こ》して しまったので……
YEAR
まぁ そう だったのね
突然《とつぜん》すみません 7年前《ねんまえ》に宮下《みやした》さんと一緒《いっしょ》に サマーキャンプに参加《さんか》した 清水奏太《しみずそうた》と言《い》います
あの…沙希《さき》さんは いらっしゃいますか？
奏太《そうた》さん… 少《すこ》し待《ま》っててね
…？
パタ パタ パタ…

…奏太《そうた》くん？
久《ひさ》しぶり！
実《じつ》はボスの夢《ゆめ》を見《み》て
どうしても
会《あ》いたくなって…
ピクッ
——
ポタッ
!?
ボス……
ポロ
ポロ

一週間前《いっしゅうかんまえ》に死《し》んじゃったの
ぎゅ…
……そんな
しばらく前《まえ》から体調《たいちょう》がよくなくて…最後《さいご》はすごくつらそうだった…
それでもボスは泣《な》いてるわたしを心配《しんぱい》してくれて…
わたしね人《ひと》と話《はな》すのが苦手《にがて》だったけど
ボスに会《あ》ってから少《すこ》しずつ自分《じぶん》を出《だ》せるようになれたの
友《とも》だちや学校《がっこう》のことで悩《なや》んでもボスに話《はな》すとはげまされた

でも もう
ボスはどこにも
いなくて…
つらくて 悲《かな》しくて
どうにかなりそうだった…
ボスが奏太《そうた》くんを
連《つ》れて来《き》て
くれたの？
わたしがさびしく
ないように……
ぽん
…おそくなって
ごめん

つらかったな
ごめんなさい…いきなり泣《な》き出《だ》したりして
お礼《れい》を言《い》わなきゃなボスにまた助《たす》けてもらった
ボスや宮下《みやした》さんのこと
気《き》持《も》ちが落《お》ち着《つ》いたら話《はなし》を聞《き》かせてよ
…うん！

青空純《あおぞらじゅん》のどうぶつメモ 2

人《ひと》の生活《せいかつ》に役立《やくだ》つどうぶつ

かつては牛《うし》や馬《うま》が人《ひと》や荷物《にもつ》を運《はこ》んでくれていたように、昔《むかし》から人《ひと》はどうぶつたちに助《たす》けられながら暮《く》らしてきました。今《いま》も、アイガモに虫《むし》を食《た》べてもらったり、ヤギやヒツジに除草《じょそう》してもらったり、ネコに畑《はたけ》を荒《あ》らすネズミを食《た》べてもらったり。**どうぶつがもともともってい る習性《しゅうせい》が人《ひと》の生活《せいかつ》に生《い》かされています。**

アイガモ農法《のうほう》

稲《いね》のあいだを泳《およ》ぐアイガモの姿《すがた》もかわいい！

田《た》んぼにアイガモを放《はな》して雑草《ざっそう》や虫《むし》を食《た》べてもらい、農薬《のうやく》を使《つか》わずにお米《こめ》を作《つく》る方法《ほうほう》だよ。アイガモが泳《およ》ぎながら田《た》んぼをかき回《まわ》すことで稲《いね》の成長《せいちょう》も促《うなが》されるんだ。

ヤギの除草《じょそう》

ヤギに雑草《ざっそう》を食《た》べてもらう「ヤギの除草《じょそう》」が増《ふ》えているよ。機械《きかい》の騒音《そうおん》がなく、刈《か》り取《と》った草《くさ》をゴミとして始末《しまつ》する手間《てま》やお金《かね》もかからない。ヤギも好《す》きなだけ草《くさ》を食《た》べられるエコな方法《ほうほう》なんだ。

『感動《かんどう》のどうぶつ物語《ものがたり》 運命《うんめい》とキズナ』
第《だい》20話《わ》「ヤギとぼくらの友情《ゆうじょう》」も読《よ》んでね！

ミラクルラブリー♡

どうぶつ写《しゃ》真《しん》館《かん》

読者《どくしゃ》のみんなから、写真《しゃしん》が届《とど》いたよ～。
ねこ、いぬ、うさぎ……。とってもキュートだね♡
（みんなも最後《さいご》のページの左側《ひだりがわ》を見《み》て、お気《き》に入《い》りのどうぶつの写真《しゃしん》を送《おく》ってね。）

ねこ

自由気《じゆうき》ままで
マイペース
昼《ひる》はウトウト
夜《よる》は元気《げんき》だよ！

162~163ページだニャン

いぬ

ご主人様《しゅじんさま》が
帰《かえ》ったら
飛《と》びついて
お出迎《でむか》えするよ！

164~165ページだワン

うさぎ

おとなしくて
こわがりだから
やさしくしてね！

166ページだピョン

とり

きれいな声《こえ》で
さえずるよ
さびしがり屋《や》
なんだ！

167ページだピィ

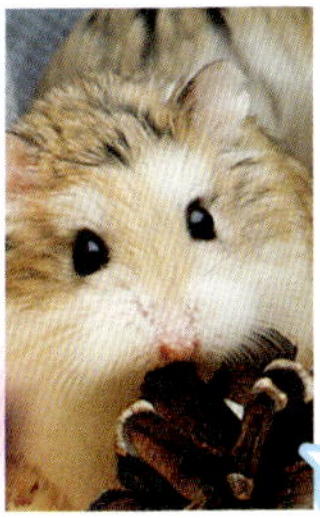

ハムスター

じょうぶな
前歯《まえば》と
大《おお》きなほお袋《ぶくろ》が
じまんだよ！

168ページだキュ

ハリネズミ

実《じつ》はもぐらの
親《しん》せき！
針《はり》で自分《じぶん》を
守《まも》るよ！

168ページだフン

ねこ
お弁当《べんとう》サイズ！
ウインク！
やんちゃでかわゆい子ネコたち★
ここはどこ？
ネコパーンチ！
スコずわりだよ

よくねむり

よくあそぶ!!

いぬ

コロコロかわいいワンコたち♥

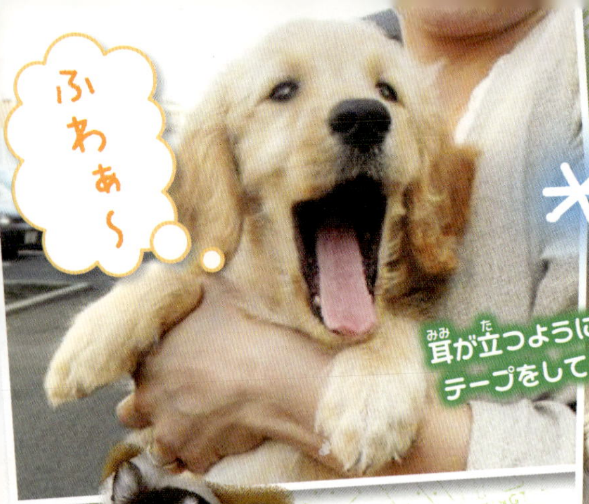
ふわぁ〜

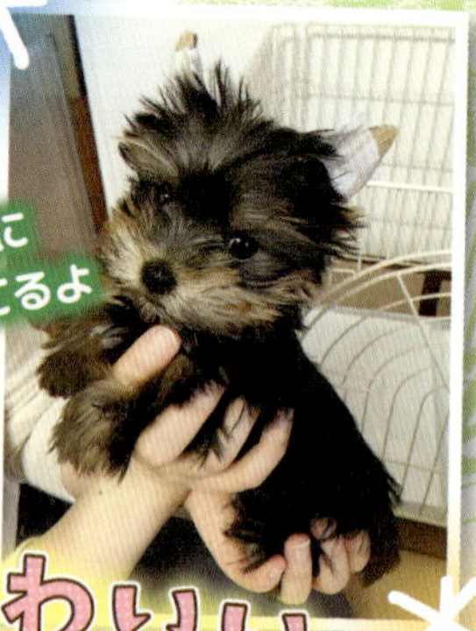
耳《みみ》が立《た》つように
テープをしてるよ

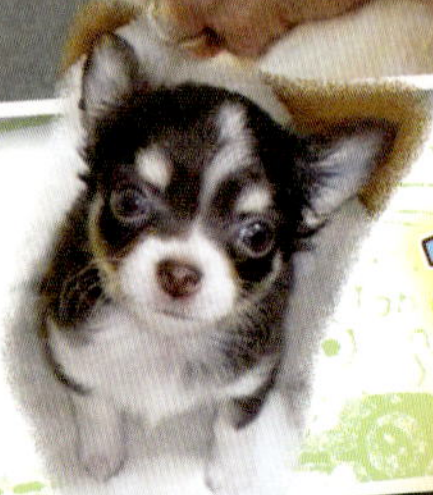

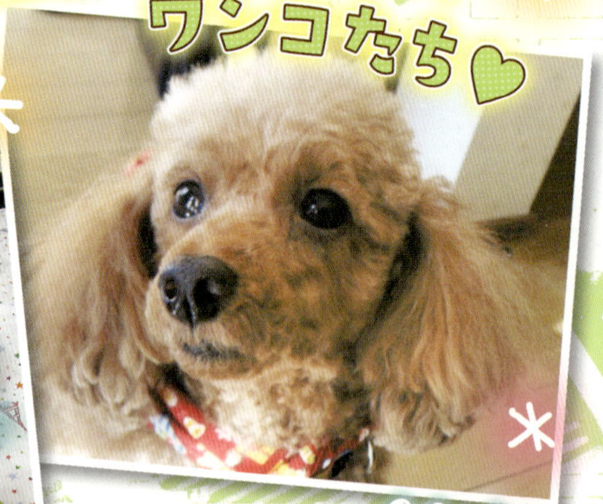

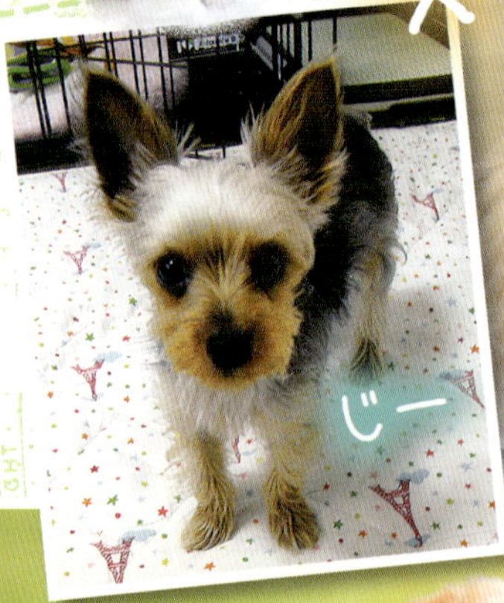
じー

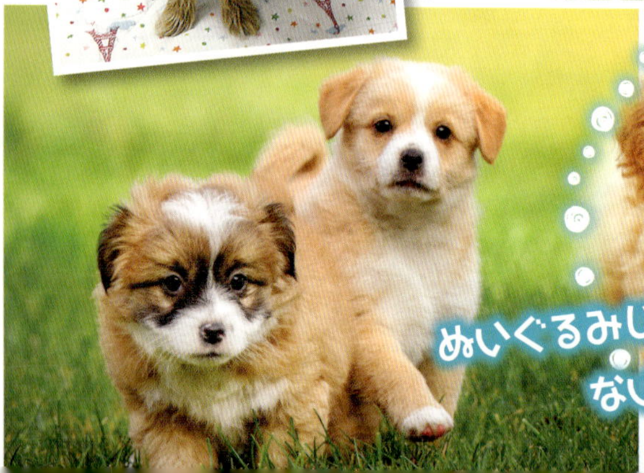

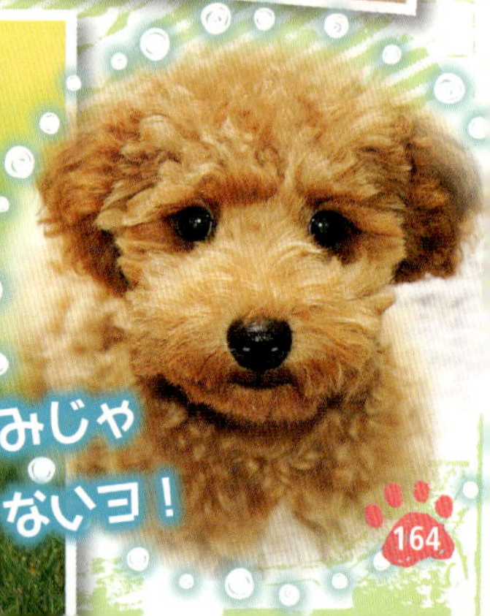
ぬいぐるみじゃ
ないヨ！

わんわん
ファッションショー
だワン！
ずーっと
いっしょだヨ！
スマイル
やっぱり
雪《ゆき》が好《す》き

うさぎ
おしりもかわいいよ♥
こんなに小《ちい》さい！
うさぎはとってもキレイずき
すみっこだいすき♪
足《あし》のうらだよ
肉球《にくきゅう》がないんだよ！

とり

仲《なか》よし
ジュウシマツ

まあるいほっぺの
オカメインコ

きれいな
モモイロインコ

水《みず》浴《あ》び中《ちゅう》の
白《しろ》文《ぶん》鳥《ちょう》

ハムスター

ニボシんま〜!!

モフモフハムケツ2丁《ちょう》〜♥

ハリネズミ

ポーチの中《なか》に入《はい》れるかな？

たわしじゃないよ！

とり用《よう》のつぼ巣《す》がお気《き》に入《い》り♪

お昼《ひる》寝《ね》中《ちゅう》〜

第《だい》 2 章《しょう》

ベストパートナー

〜キミがいたから〜

いつもそばにいてくれるどうぶつたち。
純《じゅん》が神社《じんじゃ》で聞《き》いた、けなげなどうぶつと
人《ひと》との絆《きずな》の物語《ものがたり》だよ。

第《だい》19話《わ》

神様《かみさま》にお願《ねが》い

コロロの様子《ようす》がおかしい。純《じゅん》は病院《びょういん》に行《い》くことに…。

人《ひと》それぞれに
ペットやどうぶつとの
物語《ものがたり》がある
とっこ
とっこ
ぷらん
ぷらん
わたしも
シェルとの暮《く》らしがあって
今《いま》がある——……
フラ…
コテッ
くすっ
コロロはなんかどんくさいんだよねぇ
そうだ！今日《きょう》は大学《だいがく》もバイトも休《やす》みだから
ドッグランに行《い》ってみようかコロロ♪
わんわんっ

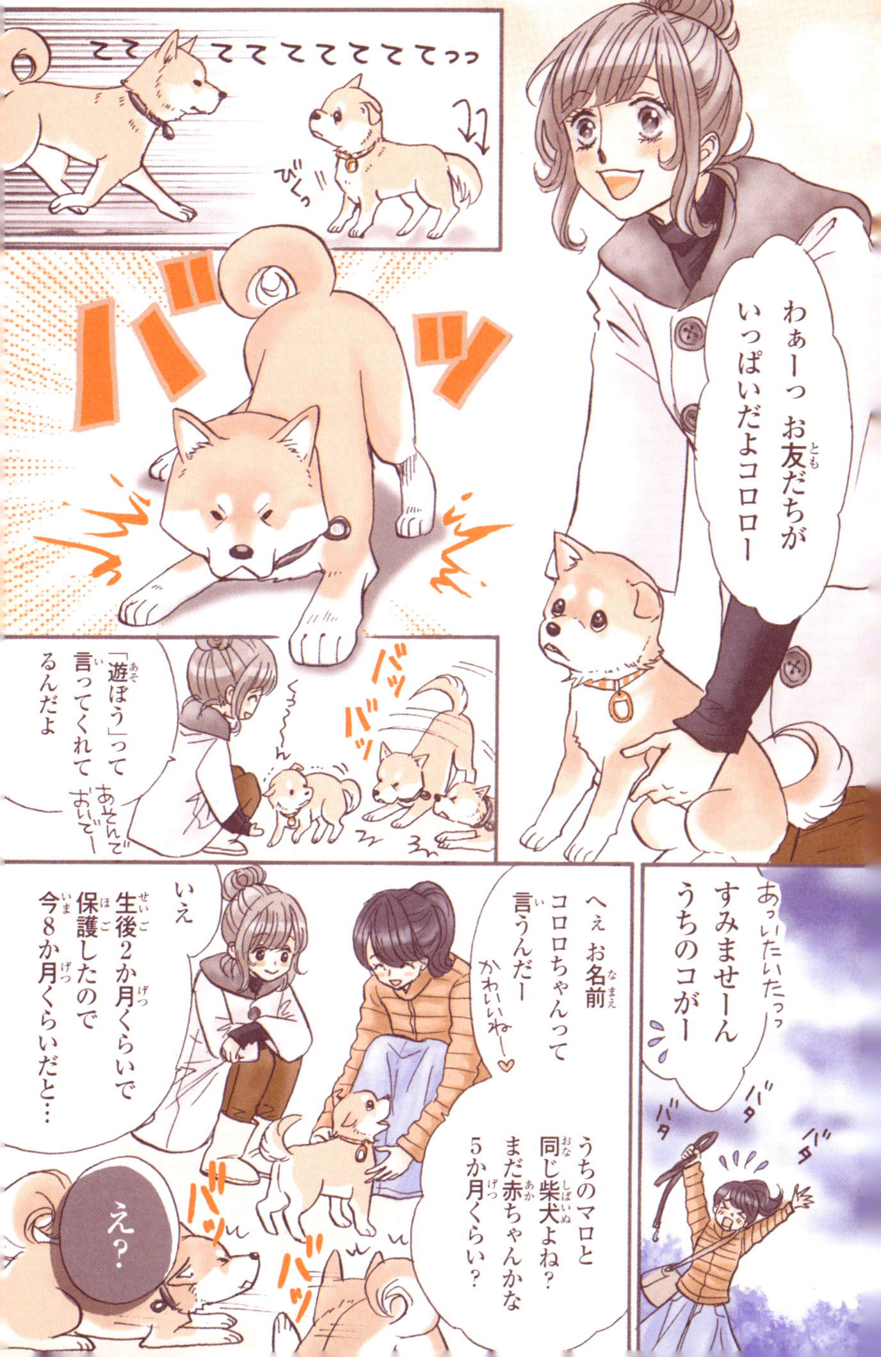
わぁーっ お友《とも》だちがいっぱいだよコロロー
てててててててててててっっ
びくっ
バッ
「遊《あそ》ぼう」って言《い》ってくれてるんだよ
あそんでおいでー
くぅ〜ん
バッ
バッ
あっいたいたっっ
すみませーん うちのコがー
バタ
バタ
バタ
へぇ お名前《なまえ》コロロちゃんって言《い》うんだー
かわいいねー♡
うちのマロと同《おな》じ柴犬《しばいぬ》よね？ まだ赤《あか》ちゃんかな 5か月《げつ》くらい？
いえ
生後《せいご》2か月《げつ》くらいで保護《ほご》したので今《いま》8か月《げつ》くらいだと…
え？
バッ
バッ

8か月《げつ》なら
マロと同《おな》じ月齢《げつれい》？
コロロちゃん
小《ちい》さいね
あっ
もしかしたら
別《べつ》の小型犬《こがたけん》との
雑種《ざっしゅ》なのかもっ
それにコロロ
食《しょく》が細《ほそ》いから…
ふら…
ペタン…
コロロ？
ゴッ
ゴッ
バシャッ
!?

子犬《こいぬ》のわりにおとなしい 体《からだ》が大《おお》きくならない ときどきふらつく 食《しょく》が細《ほそ》い 吐《は》く…
レントゲンを見《み》ると 肝臓《かんぞう》が極端《きょくたん》に 小《ちい》さいんです
立花どうぶつ病院
これは… 「門脈《もんみゃく》シャント」 かもしれません
門《もん》…脈《みゃく》……?
いらない血管《けっかん》ができて 肝臓《かんぞう》で毒《どく》が抜《ぬ》けなくなり 毒素《どくそ》が全身《ぜんしん》を めぐってしまいます
本来《ほんらい》 血液《けつえき》は肝臓《かんぞう》で 毒《どく》を抜《ぬ》いてから 大《おお》きな血管《けっかん》にもどる んですが……
肝《かん》臓《ぞう》
いらない血管《けっかん》 (シャント)
大《おお》きい血管
毒素《どくそ》の まざった血《ち》
手術《しゅじゅつ》を せずに 放《ほう》って おくと
…死《し》んで しまいます

「死《し》」!?
手術《しゅじゅつ》すれば治《なお》るんですよね!?
難《むずか》しい手術《しゅじゅつ》だけど成功《せいこう》すれば完治《かんち》します
…ただ…
「ただ」……!?
全身麻酔《ぜんしんますい》で手術《しゅじゅつ》するので手術《しゅじゅつ》が成功《せいこう》しても麻酔《ますい》から覚《さ》めず死《し》んでしまうこともないとは言《い》い切《き》れない
それから手術前《しゅじゅつまえ》にもいろいろと検査《けんさ》が必要《ひつよう》なので費用《ひよう》がかなり…
40万円前後《まんえんぜんご》
かかると思《おも》ってください
どう…しよう…
でも…
バイト代《だい》だけで払《はら》えるお金《かね》じゃないよ…

手術《しゅじゅつ》しないと
コロロが――――
ポンッ
手術《しゅじゅつ》して もらいましょ お金《かね》は お父《とう》さんと 相談《そうだん》するから
ね？
お母《かあ》さん…
わっわたしも バイト代《だい》で 返《かえ》していくからっ
…ほら
先生《せんせい》…
うん そうと 決《き》まったら
コロロを よろしく お願《ねが》いします
…ハイ

その後《ご》の検査《けんさ》でコロロの病気《びょうき》は確実《かくじつ》になり
明日《あす》はとうとう手術《しゅじゅつ》の日《ひ》
——神様《かみさま》
具合《ぐあい》が悪《わる》くてごはんも食《た》べられなくなったコロロは
家《いえ》で寝《ね》ながら元気《げんき》になれる日《ひ》を待《ま》っています
どうかコロロの手術《しゅじゅつ》を成功《せいこう》させてください
こんにちは
最近熱心《さいきんねっしん》にお参《まい》りされていますね
願《ねが》いごとですか？
……そうですか
病気《びょうき》のわんちゃんのために

※「念《ねん》ずれば通《つう》ず」
※心《こころ》に強《つよ》く願《ねが》うことで道《みち》が開《ひら》けること。
やさしい飼《か》い主《ぬし》さんとわんちゃんを神様《かみさま》はちゃんと見守《みまも》ってくれていますよ
神社《じんじゃ》にはね犬《いぬ》やネコなどのどうぶつを祀《まつ》っているところもあるんです
それほど昔《むかし》からどうぶつと人間《にんげん》は深《ふか》い絆《きずな》で結《むす》ばれているんですよ
心《こころ》から愛情《あいじょう》を注《そそ》げば
どうぶつたちはその愛情《あいじょう》に応《こた》えてくれるものです
神主《かんぬし》さんは不安《ふあん》でいっぱいのわたしの心《こころ》をほぐすように
どうぶつと人間《にんげん》のあたたかいお話《はなし》を聞《き》かせてくれました

第《だい》20話《わ》

最高《さいこう》の相棒《あいぼう》

武士《ぶし》の清成《きよなり》は大切《たいせつ》なパートナーを得《え》て、飛躍《ひやく》を遂《と》げる。

今《いま》から400年《ねん》以上《いじょう》も昔《むかし》江戸時代《えどじだい》が始《はじ》まる少《すこ》し前《まえ》のこと
カポ
カポ
カポ
カポ
カポ
カポ…
おや？
トコ
トコ
清成《きよなり》が乗《の》っていないではないか!?
空っ
おおーい
竹千代《たけちよ》さまお待《ま》ちを〜
たっ
たっ
たっ
竹千代《たけちよ》
のちに江戸幕府《えどばくふ》を開《ひら》く徳川家康《とくがわいえやす》の息子《むすこ》・秀忠《ひでただ》

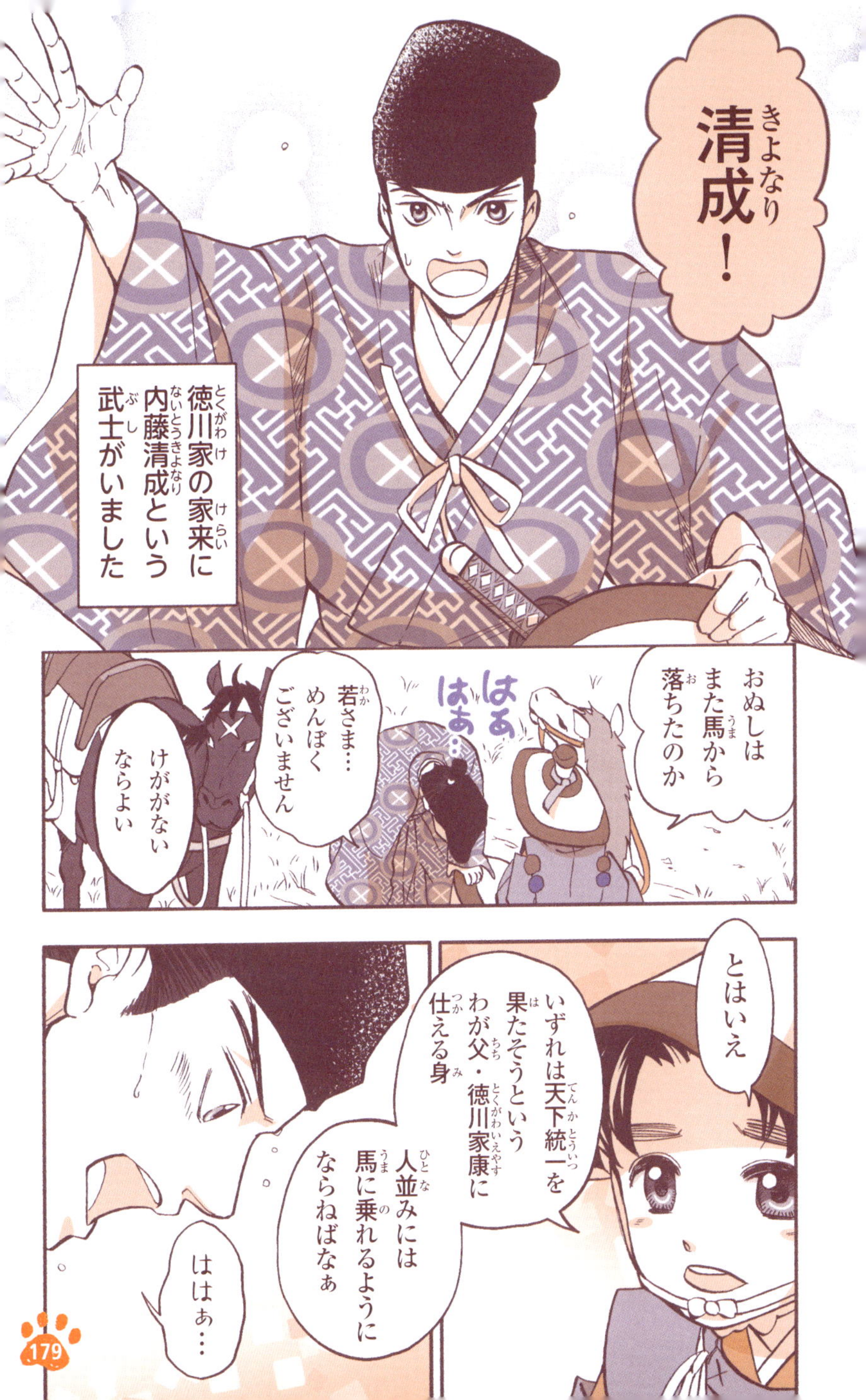
清成《きよなり》！
徳川家《とくがわけ》の家来《けらい》に内藤清成《ないとうきよなり》という武士《ぶし》がいました
おぬしはまた馬《うま》から落《お》ちたのか
はぁはぁ…
若《わか》さま…めんぼくございません
けががないならよい
とはいえ
いずれは天下統一《てんかとういつ》を果《は》たそうというわが父《ちち》・徳川家康《とくがわいえやす》に仕《つか》える身《み》
人並《ひとな》みには馬《うま》に乗《の》れるようにならねばなぁ
ははぁ…

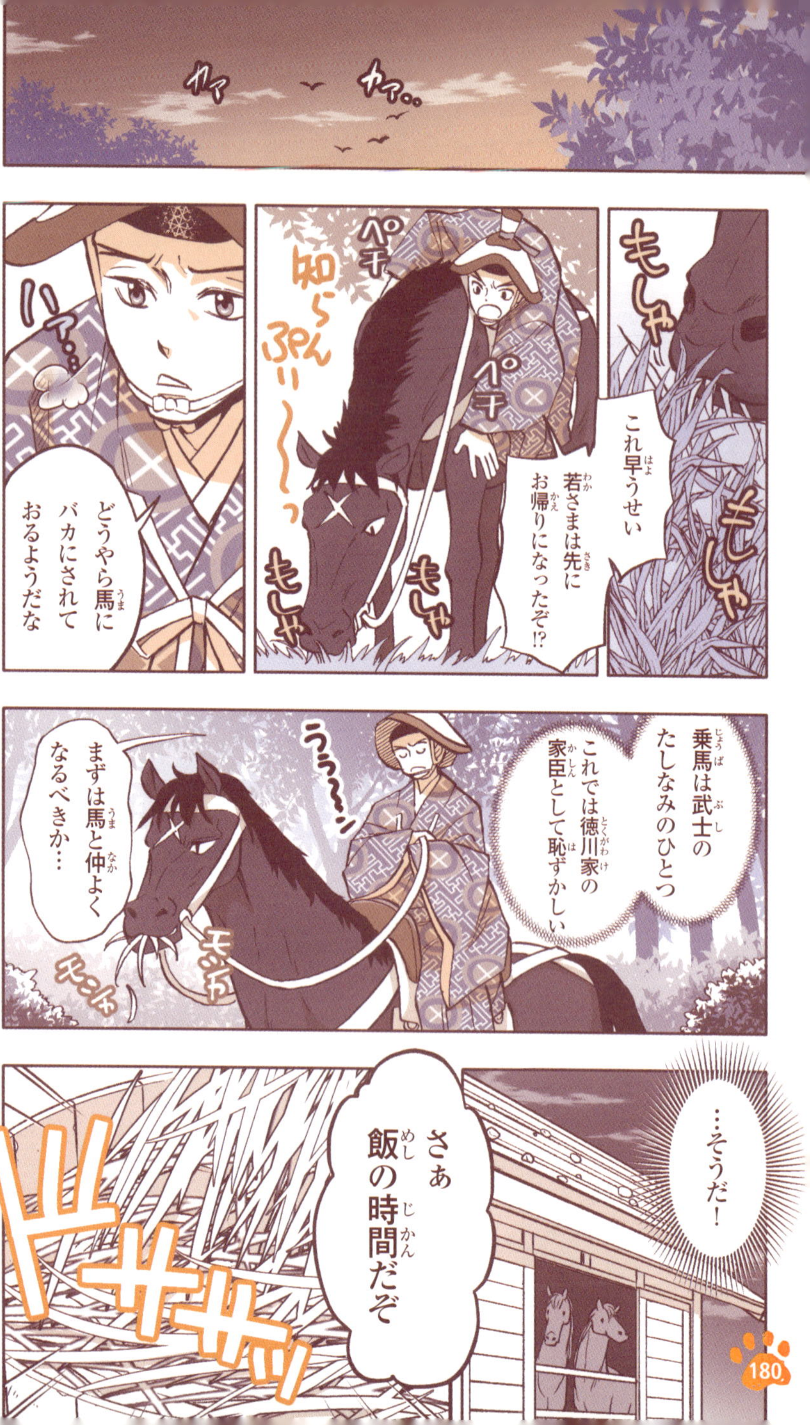

カァ
カァ…
もしゃ
もしゃ
これ早《はよ》うせい
若《わか》さまは先《さき》に
お帰《かえ》りになったぞ!?
ペチ
ペチ
知らんぷりぃ〜〜っ
もしゃ
もしゃ
ハァ…
どうやら馬《うま》に
バカにされて
おるようだな
乗馬《じょうば》は武士《ぶし》の
たしなみのひとつ
これでは徳川家《とくがわけ》の
家臣《かしん》として恥《は》ずかしい
ううう〜ん
まずは馬《うま》と仲《なか》よく
なるべきか…
モシャ
モシャ
…そうだ!
さぁ
飯《めし》の時間《じかん》だぞ
ドサササッ

毎日《まいにち》の世話《せわ》をしていればそのうち仲《なか》よくなれるだろう！
ガツッ
もぐ
ガツッ
もぐ
もぐ
ガツッ
ガツッ
ウロ
ウロ…
ガツッ
もぐ
もぐ
ガツッ
もぐ
ガツッ
おや子馬《こうま》が…
ズイッ
くるっ
ブルルル～ッ
ビクッ
ビクッ
ドカッ
ヒャーン!!
あっ！

ガバッ
ブヒヒーン
こら!! なんてひどいことを！
よしよし しっかりしろ 大丈夫《だいじょうぶ》か
ヒューーン…
また やられたか
そいつは気弱《きよわ》でね 元気《げんき》もない 役立《やくた》たず なんですよ
ムッ…
この馬《うま》の 名前《なまえ》は？
雪《ゆき》

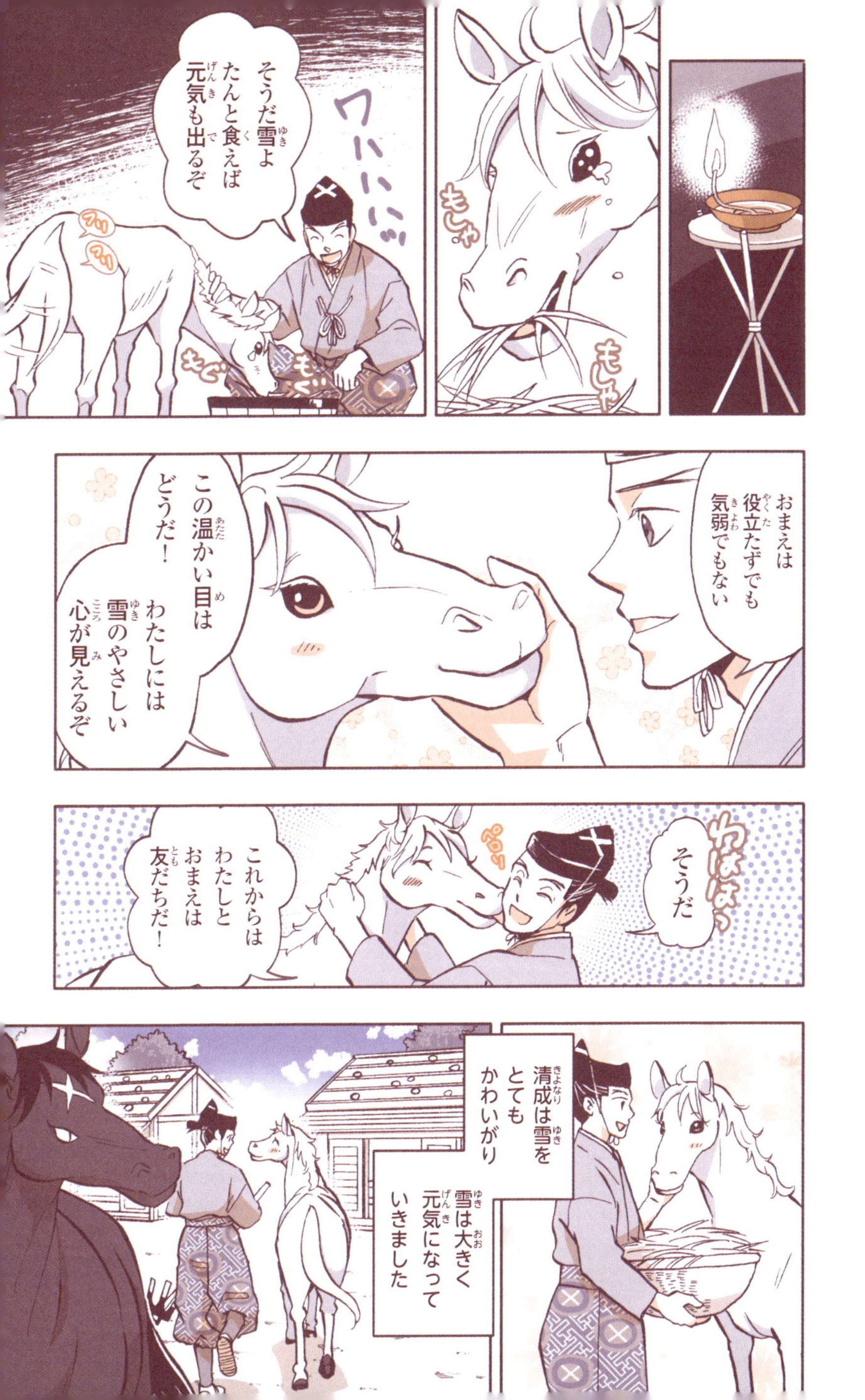
もしゃ
もしゃ
ワハハハハ
そうだ雪《ゆき》よ たんと食《く》えば 元気《げんき》も出《で》るぞ
モリ
モリ
もぐ
もぐ
おまえは 役立《やくた》たずでも 気弱《きよわ》でもない
この温《あたた》かい目《め》は どうだ!
わたしには 雪《ゆき》のやさしい 心《こころ》が見《み》えるぞ
わははっ
そうだ
ペロリ
これからは わたしと おまえは 友《とも》だちだ!
清成《きよなり》は雪《ゆき》を とても かわいがり
雪《ゆき》は大《おお》きく 元気《げんき》になって いきました

雪《ゆき》や
わたしの
練習《れんしゅう》を見《み》ておれよ
グラッ
おまえもいずれは
人《ひと》を乗《の》せ…
わわっ!?
どしーん
うわぁ
いたたた…
ドドッ
ドドッ
ドドッ
ドドッ
ドドッ
ふぅ…
…われながら
情《なさ》けないのう
ハムッ
ぐい
ぐい
まさか…
乗《の》れというのか?

ドドトッ
ドドトッ
パカッ
パカッ
ターン
パカッ
あれまぁ
グーン!
パカッ
パカッ
パカッ
雪《ゆき》よ みごとだ! あの黒馬《くろうま》が びっくりしておるぞ!
ヒヒーン

パカラッ
パカラッ
なんとあの清成《きよなり》が落馬《らくば》もせずに先頭《せんとう》を走《はし》っておる!!
そうじゃ
あの白馬《はくば》清成《きよなり》の馬《うま》としよう!
雪《ゆき》は清成《きよなり》を乗《の》せるお役目《やくめ》をいただくことになりました
雪《ゆき》よわたしからおまえに新《あたら》しい名前《なまえ》をやろう
真《ま》っ白《しろ》な「雪《ゆき》」が力強《ちからづよ》く戦場《せんじょう》を走《はし》る…

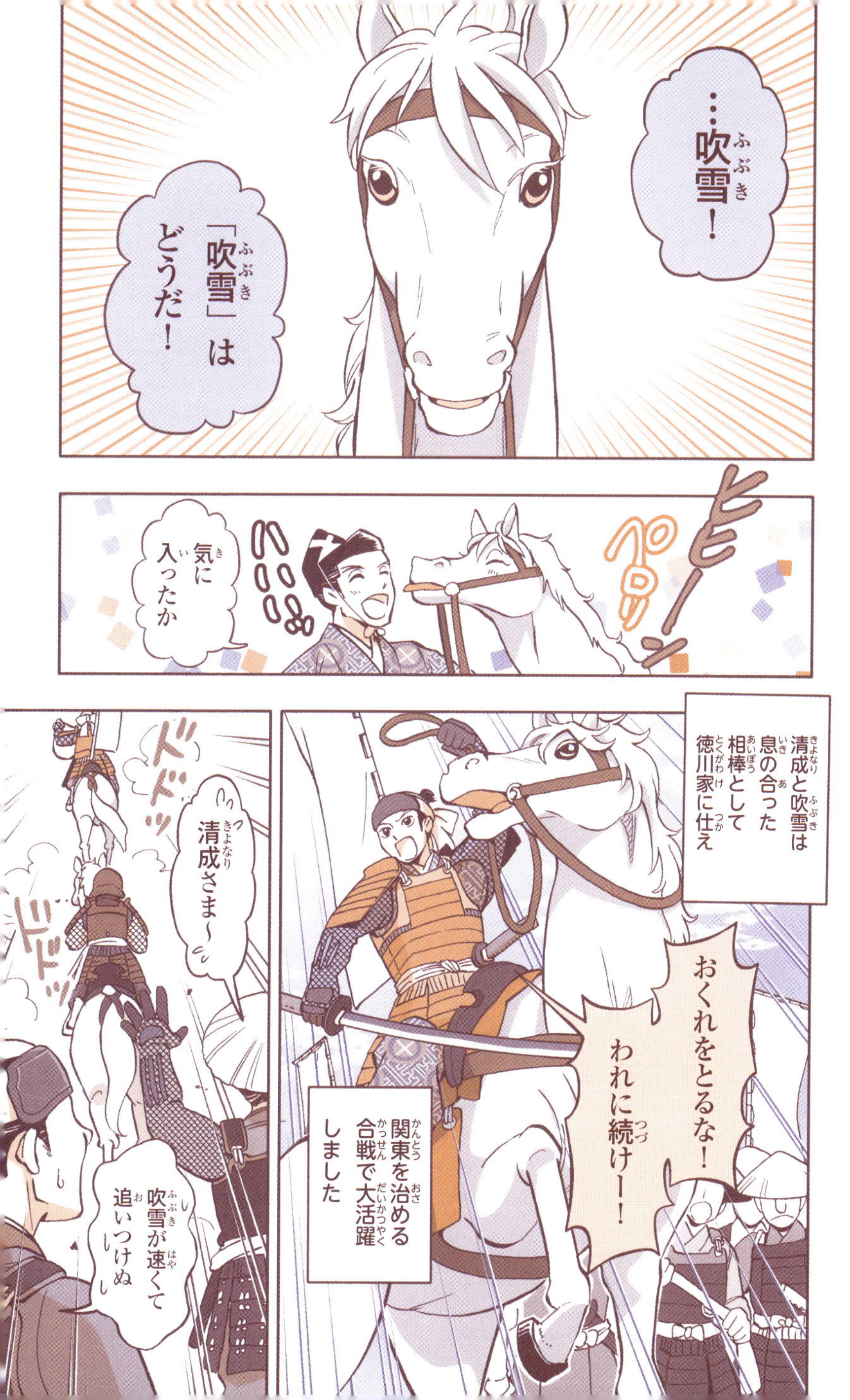
…吹雪《ふぶき》！
「吹雪《ふぶき》」はどうだ！
ヒヒーン
ペロリ
ハハハ
気《き》に入《い》ったか
清成《きよなり》と吹雪《ふぶき》は息《いき》の合《あ》った相棒《あいぼう》として徳川家《とくがわけ》に仕《つか》え
おくれをとるな！われに続《つづ》けーー！
関東《かんとう》を治《おさ》める合戦《かっせん》で大活躍《だいかつやく》しました
ドドッ
清成《きよなり》さま〜
ドドッ
吹雪《ふぶき》が速《はや》くて追《お》いつけぬ

そして
家康《いえやす》さま お待《ま》ちして おりました
おお清成《きよなり》!! ごくろう!
徳川家康《とくがわいえやす》
のちの江戸《えど》幕府《ばくふ》初代《しょだい》将軍《しょうぐん》
この戦《いくさ》では よい働《はたら》きを してくれたな
ははーっ
そのほうびに 清成《きよなり》に領地《りょうち》を やろうと思《おも》う!
なんと…! 家康《いえやす》さま! ありがとう ございます!!
清成《きよなり》のような 下級武士《かきゅうぶし》にとって 自分《じぶん》が治《おさ》める 領地《りょうち》をもつことは すばらしい 出世《しゅっせ》の証《あかし》でした

あの白馬《はくば》はおぬしの愛馬《あいば》じゃな？
はい
よぉし！
ではその馬《うま》に乗《の》り
ここより一息《ひといき》に走《はし》り抜《ぬ》けた土地《とち》のすべてをおぬしの治《おさ》める領地《りょうち》といたそう！
ははっ！
ザッ
くるっ
吹雪《ふぶき》よ
おまえの力《ちから》をわたしに貸《か》してくれるか？

ペロッ
よし行《い》くぞ！吹雪《ふぶき》!!
ダダッ
清成《きよなり》と吹雪《ふぶき》は
まだ野原《のはら》が広《ひろ》がる江戸《えど》の町《まち》を全速力《ぜんそくりょく》で走《はし》り続《つづ》けました
四ツ谷《よつや》
パカッ
パカッ
パカッ
パカッ
大窪《おおくぼ》（大久保《おおくぼ》）
パカッ

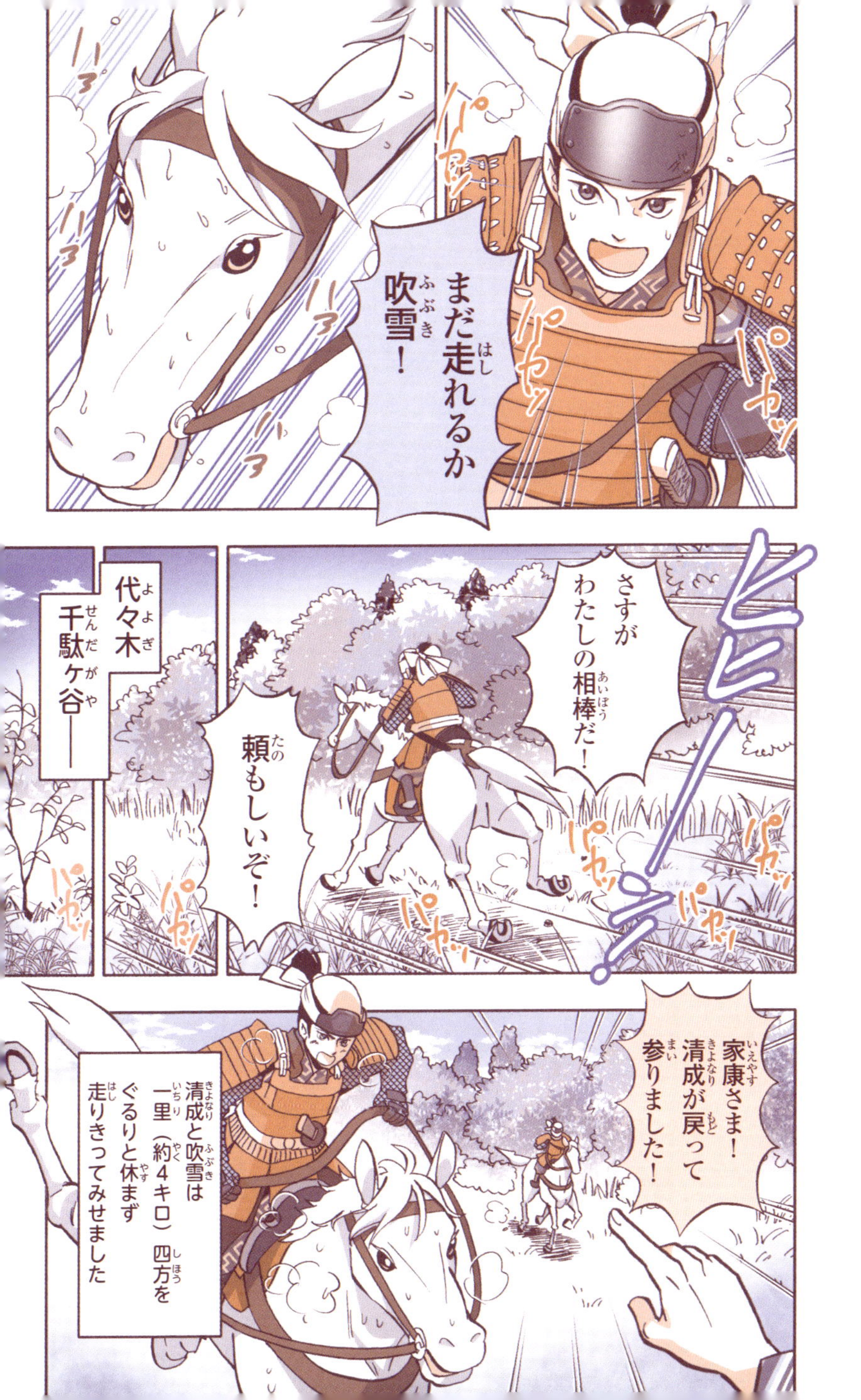

パカッ
ハァ ハァ
まだ走《はし》れるか 吹雪《ふぶき》！
パカッ
パカッ
ヒヒーン！
さすが わたしの相棒《あいぼう》だ！
頼《たの》もしいぞ！
代々木《よよぎ》 千駄ケ谷《せんだがや》——
パカッ
パカッ
家康《いえやす》さま！ 清成《きよなり》が戻《もど》って 参《まい》りました！
清成《きよなり》と吹雪《ふぶき》は 一里《いちり》（約《やく》4キロ）四方《しほう》を ぐるりと休《やす》まず 走《はし》りきってみせました

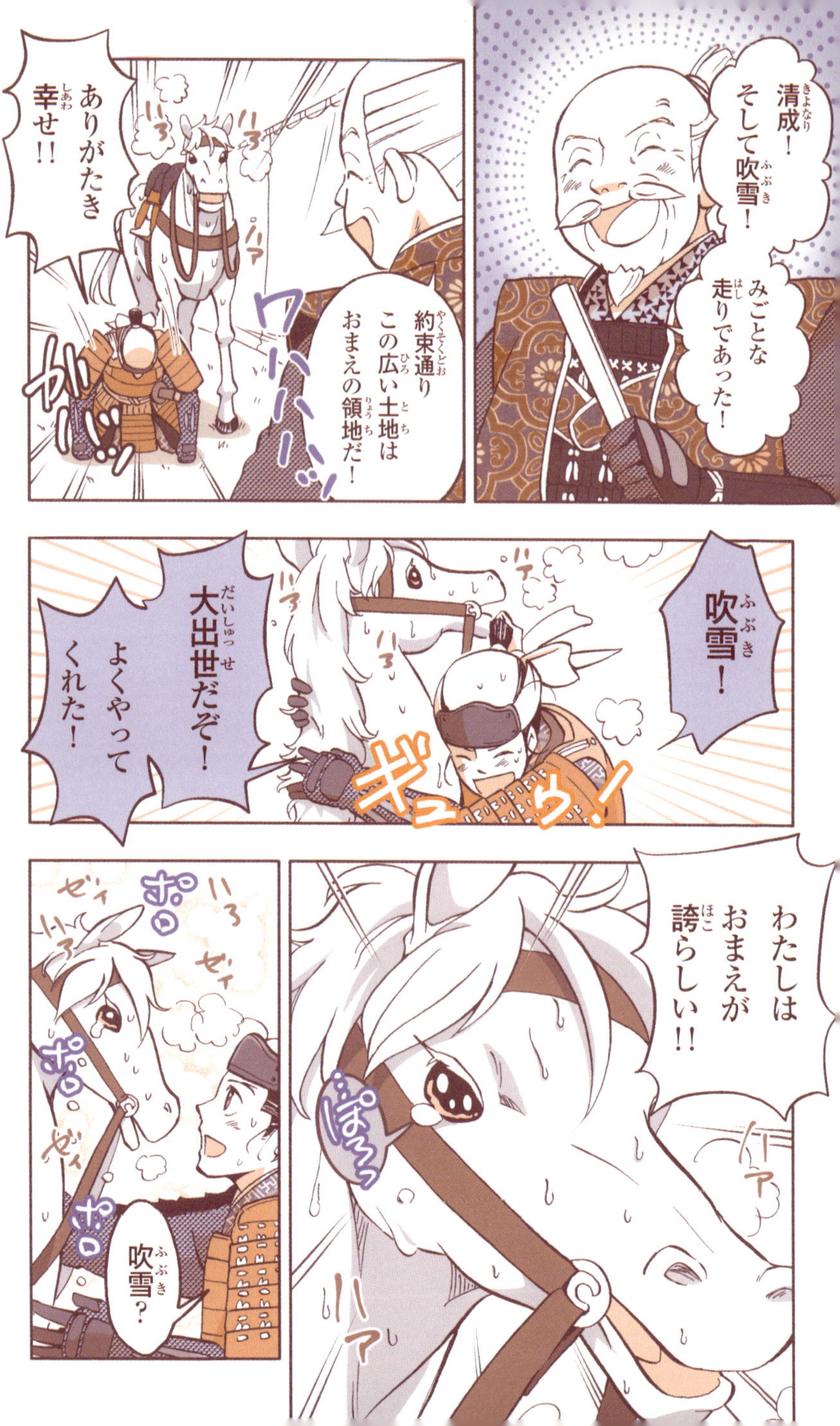
清成《きよなり》！
そして吹雪《ふぶき》！
みごとな走《はし》りであった！
約束通《やくそくどお》り
この広《ひろ》い土地《とち》は
おまえの領地《りょうち》だ！
ワハハハッ
ハァ
ハァ
ハァ
ありがたき
幸《しあわ》せ！！
ザッ
吹雪《ふぶき》！
ハァ
ハァ
ハァ
大出世《だいしゅっせ》だぞ！
よくやって
くれた！
ギュッ！
わたしは
おまえが
誇《ほこ》らしい！！
…ぽろっ
ハァ
ハァ
ポロ
ハァ
ハァ
ゼィ
ゼィ
ポロ
ゼィ
ポロ
吹雪《ふぶき》？

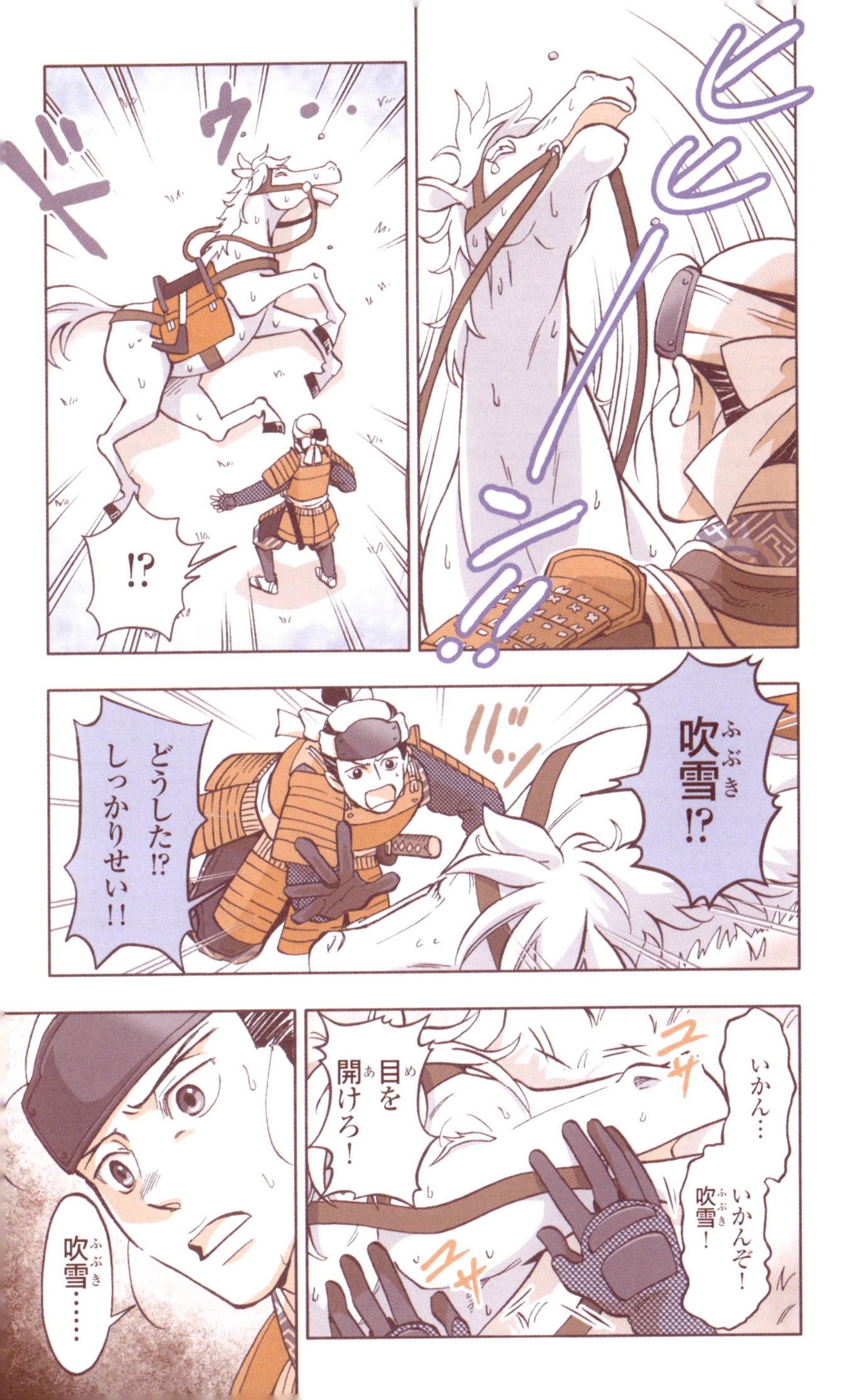
ヒヒーン!!
ドゥ・・
!?
吹雪《ふぶき》!?
バッ
どうした!? しっかりせい!!
いかん…
いかんぞ! 吹雪《ふぶき》!
ユサ
ユサ
目《め》を開《あ》けろ!
吹雪《ふぶき》……

まさか……
わたしのために
命《いのち》をけずって
走《はし》り続《つづ》けてくれた
というのか…？
清成《きよなり》は
力《ちから》つきた吹雪《ふぶき》を
大木《たいぼく》の下《した》に
埋《う》めてやりました
吹雪
吹雪《ふぶき》はわたしを
一人前《いちにんまえ》の武士《ぶし》に
してくれた…
おまえに恥《は》じない
立派《りっぱ》な領主《りょうしゅ》に
なってみせるぞ

清成《きよなり》が治《おさ》めた領地《りょうち》の真《ま》ん中《なか》には宿場町《しゅくばまち》ができ
今《いま》では「新宿《しんじゅく》」という大《おお》きな街《まち》になりました
新宿駅東口
Shinjuku Sta
その新宿《しんじゅく》にある小《ちい》さな神社《じんじゃ》には
主人《しゅじん》に忠実《ちゅうじつ》な心《こころ》やさしい白馬《はくば》の像《ぞう》が
今《いま》も大切《たいせつ》に祀《まつ》られています

第《だい》21話《わ》

おかげ犬《いぬ》 シロ物語《ものがたり》

病気《びょうき》がちな清《きよ》のため、犬《いぬ》のシロがお伊勢様《いせさま》に旅立《たびだ》つ！

時《とき》は江戸時代《えどじだい》
「伊勢神宮《いせじんぐう》の神様《かみさま》なら
願《ねが》いを叶《かな》えてくれる」
人々《ひとびと》はそう信《しん》じ
伊勢《いせ》（三重県《みえけん》）を目指《めざ》して
長《なが》い道《みち》のりを旅《たび》しました
これを
「お伊勢参《いせまい》り」と言《い》います
これは主人《しゅじん》に代《か》わりお伊勢参《いせまい》りをした犬《いぬ》のお話《はなし》です―
常陸国《ひたちのくに》（茨城県《いばらきけん》）
ワン！
シロ！
お清《きよ》ただいま
おっとうのお手伝《てつだ》いありがとうね
ワン

晩飯《ばんめし》にするか！
お清《きよ》は体《からだ》が弱《よわ》く病《やまい》にふせていましたが
父親《ちちおや》の正吉《しょうきち》と犬《いぬ》のシロと仲《なか》よく暮《く》らしていました
ざくっ
お伊勢参《いせまい》り？
となり村《むら》の松吉《まつきち》が行《い》くらしいぜ
へぇぇ
うらやましいことだなぁ正吉《しょうきち》もお札《ふだ》をもらいにどうだ？
いや…オレは病《やまい》のお清《きよ》を置《お》いてくわけにゃいかねぇし
お伊勢参《いせまい》り!?
仕事《しごと》を休《やす》んだら食《た》べていけねぇんだ
夢《ゆめ》のまた夢《ゆめ》さ
ざくざく
くぅーん
ゴホッゴホッ

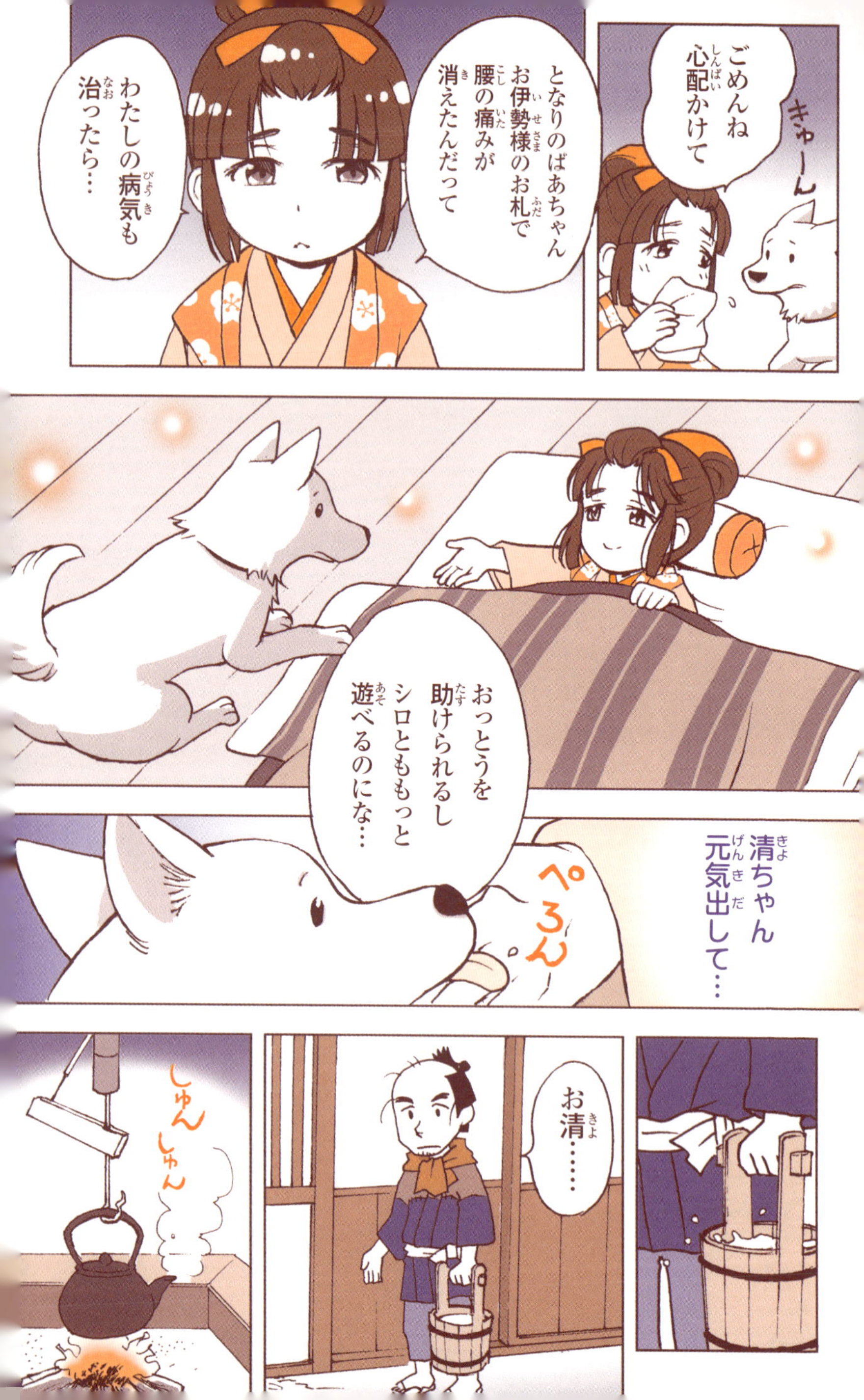
ごめんね
心配《しんぱい》かけて
きゅーん
となりのばあちゃん
お伊勢様《いせさま》のお札《ふだ》で
腰《こし》の痛《いた》みが
消《き》えたんだって
わたしの病気《びょうき》も
治《なお》ったら…
おっとうを
助《たす》けられるし
シロとももっと
遊《あそ》べるのにな…
清《きよ》ちゃん
元気出《げんきだ》して…
ぺろん
お清《きよ》……
しゅん
しゅん

お伊勢様《いせさま》か…
すまねえな
父《とう》ちゃん なにもできなくて
ぐいぐい
なんだ シロ
まさか オレの代《か》わりに お伊勢参《いせまい》りに 行《い》こうってのか
ぼく行《い》くよ!
お清《きよ》のことを 思《おも》ってくれて いるんだな
ワン
すまねえな それなら ちゃんと 準備《じゅんび》してやん なきゃな!
?

どーん
シロ 本当《ほんとう》に大丈夫《だいじょうぶ》？
心配《しんぱい》すんなお清《きよ》
頭陀袋《ずたぶくろ》にお金《かね》を入《い》れたから大事《だいじ》に使《つか》うんだぞ
それじゃ松吉《まつきち》さん シロを頼《たの》むよ
任《まか》せときな！
シロ！ これを持《も》っていって
わたしの古《ふる》い着物《きもの》で作《つく》ったの
シロを守《まも》ってくれますようにって

気《き》をつけてな
こうしてシロは伊勢《いせ》への旅《たび》に出《で》ました
だんご
へぇ
※おかげ犬《いぬ》
しろ
おまえ お伊勢様《いせさま》に行《い》くんだね
そーなの
病《やまい》の主人《しゅじん》の代《か》わりか
えらいねぇ
お伊勢《いせ》までは長《なが》い道《みち》のりだろうけど
がんばりな！
水《みず》と食《た》べ物《もの》をあげようね

※江戸時代、集団で行う「伊勢参り」は「おかげ参り」とも言われたため主人《しゅじん》の代《か》わりにおかげ参《まい》りに行《い》く犬《いぬ》のことをこう呼《よ》ぶ。

お伊勢様《いせさま》への
道《みち》のりは長《なが》く
旅籠
こんなとこに犬？
お水わけてね
シロにとっては
険《けわ》しい
ものでした
宿代をもらうよ
ごはんだよ！
薬もってく
しろ
山《やま》を越《こ》え
川《かわ》をわたり
シロの体力《たいりょく》は
うばわれて
いきました
よいしょよいしょ！
元気でなー！
がんばれよー！

ポッ
ポッ
ザァァァァ
こいつはひでぇ大雨《おおあめ》だ
体《からだ》が冷《ひ》えちまうよ
体《からだ》が重《おも》い…
よろよろ…
ま…待《ま》って…
途中《とちゅう》に小屋《こや》が
よしっそこまで走《はし》ろう
ばしゃ
ハッハッハッ
もう動《うご》けない…
清《きよ》ちゃんごめん…

ザアアアアアアア
おっとう このコ連《つ》れて帰《かえ》っていい？
ああ
わあ…
あたたかいなぁ…
おにぎり食《た》べる？

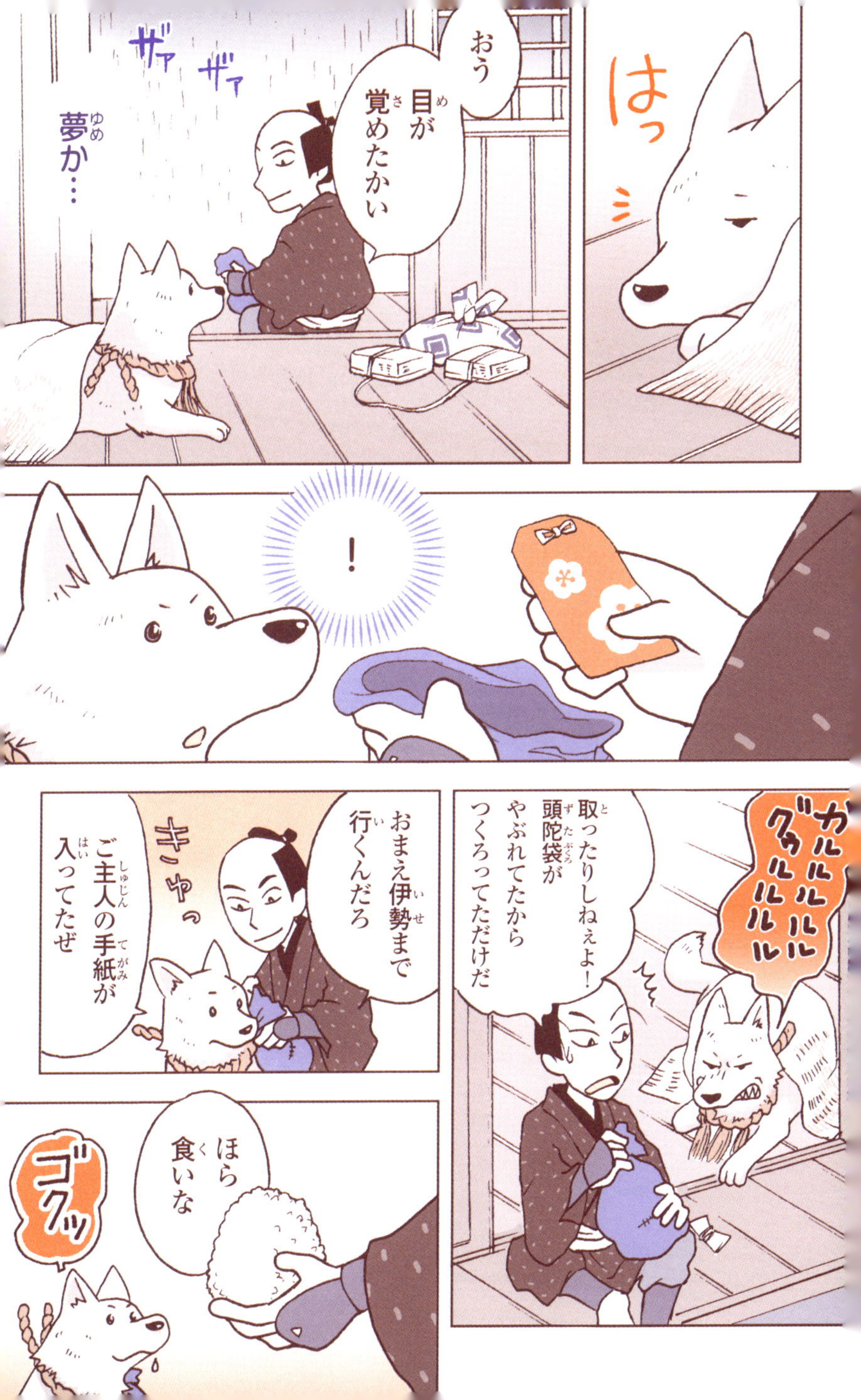
はっ
おう 目《め》が覚《さ》めたかい
ザァ ザァ
夢《ゆめ》か…
!
ガルルルル グルルルル
取《と》ったりしねぇよ! 頭陀袋《ずたぶくろ》がやぶれてたからつくろってただけだ
おまえ伊勢《いせ》まで行《い》くんだろ
きゅっ
ご主人《しゅじん》の手紙《てがみ》が入《はい》ってたぜ
ほら 食《く》いな
ゴクッ

ぱくっ
落《お》ち着《つ》け落《お》ち着《つ》け
はぐはぐ
こんだけ食欲《しょくよく》があるならもう大丈夫《だいじょうぶ》だな
おっ雨《あめ》があがったぜ
お伊勢様《いせさま》はこの道《みち》をまっすぐだ
達者《たっしゃ》でな！
ワン
ドンッ
ドドン

ドドン
ドドン

わあぁ
これが
お伊勢様《いせさま》!?

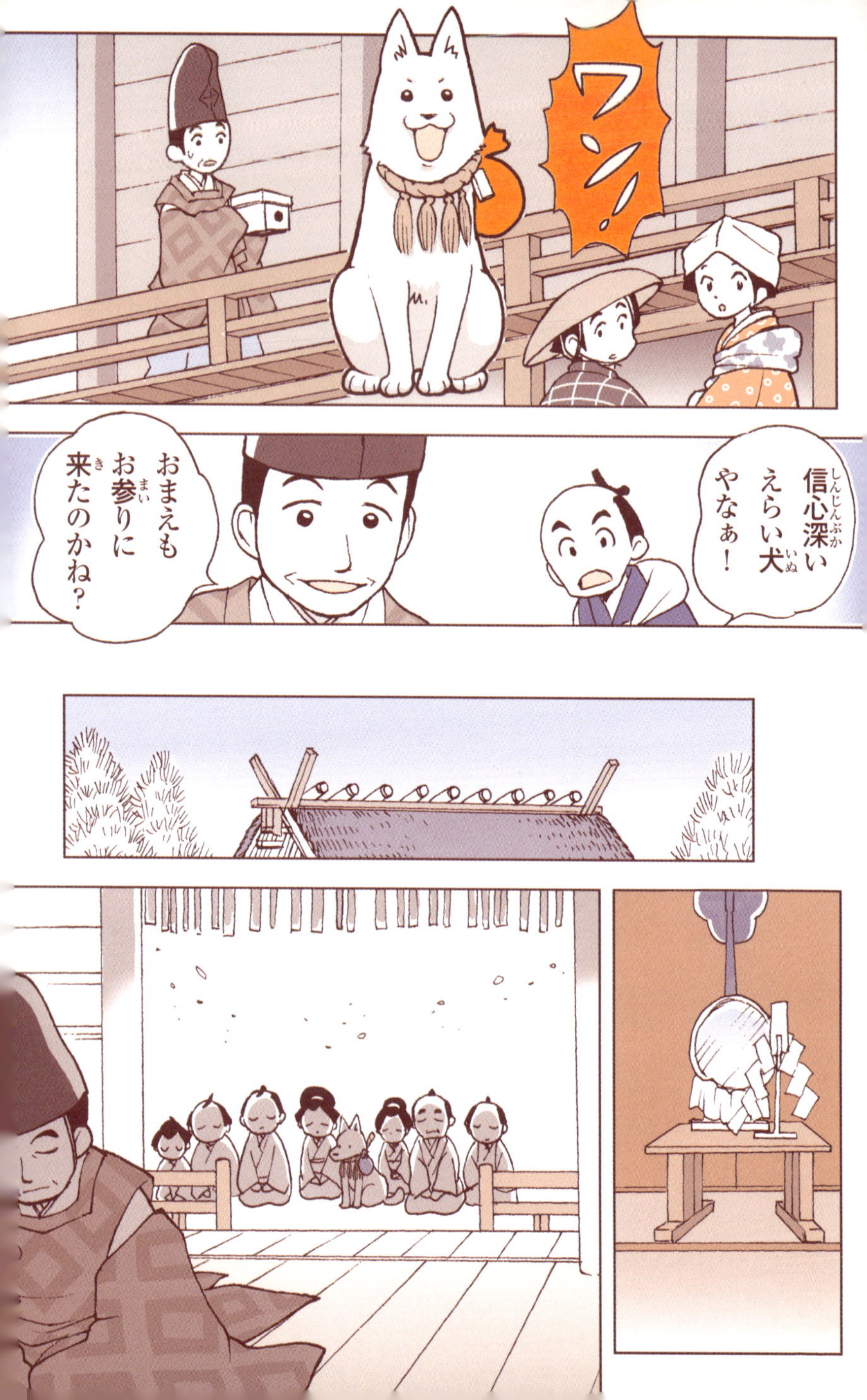
ワン!
信心深《しんじんぶか》いえらい犬《いぬ》やなぁ!
おまえもお参《まい》りに来《き》たのかね?

神様《かみさま》どうか
清《きよ》ちゃんの病《やまい》を治《なお》してください
気《き》をつけて
ここにお札《ふだ》を入《い》れておきました落《お》とさぬように帰《かえ》りなさい
これで清《きよ》ちゃんの病《やまい》が治《なお》る!!

シロ
大好《だいす》き！
シロ
清《きよ》ちゃん
早《はや》く帰《かえ》って来《き》て
清《きよ》ちゃん
早《はや》く

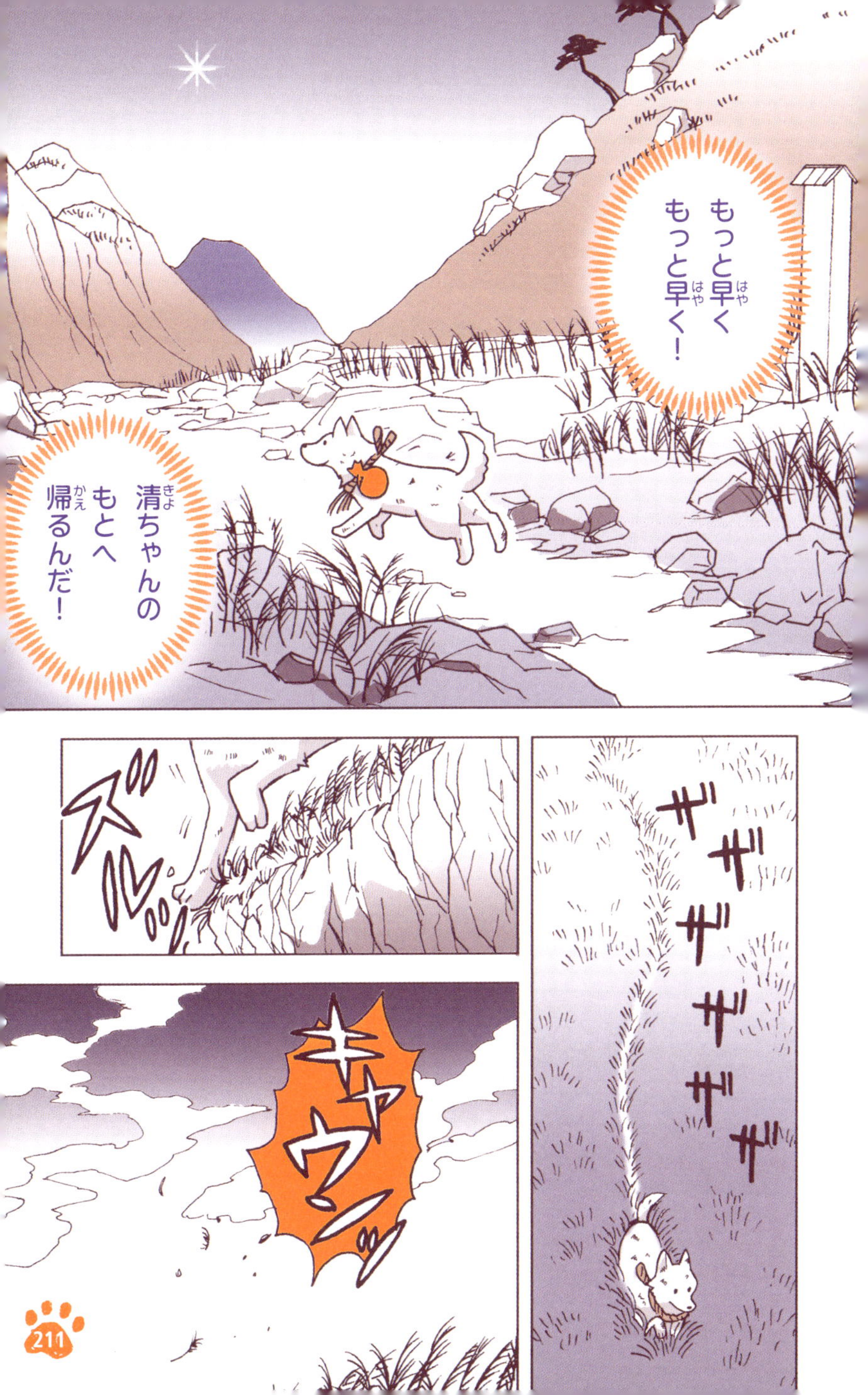
もっと早《はや》く
もっと早《はや》く！
清《きよ》ちゃんの
もとへ
帰《かえ》るんだ！
ザザザザザザ
ズルッ
キャウン

シロ！
どうした お清《きよ》？
シロが！
シロが 死《し》んじゃう 夢《ゆめ》を見《み》たの…
シロが旅立《たびだ》って もうふた月《つき》に なるか…
同行者《どうこうしゃ》がいれば 大丈夫《だいじょうぶ》だと 思《おも》ったんだが
まさか途中《とちゅう》で はぐれちまう なんて…
わたしの せいだ…
わたしが病気《びょうき》じゃ なければ…

ガタンッ
シロ!
シロ! シロ! こんなに よごれて……
大丈夫《だいじょうぶ》か? けがは してねぇか?
よく帰《かえ》って 来《き》たな

おぉ
天照皇大神宮
お伊勢《いせ》さんのお札《ふだ》だ!
シロのばか!!こんなに無理《むり》して!
ありがとうね シロ……
ぎゅっ
シロが無事《ぶじ》に帰《かえ》って来《き》てくれたのが一番《いちばん》うれしい!!

シロのためにも元気《げんき》にならねぇとな
お札《ふだ》のおかげかお伊勢様《いせさま》のご利益《りやく》かお清《きよ》はすっかり元気《げんき》になり
おかげ犬《いぬ》のシロとお清《きよ》は末長《すえなが》く幸《しあわ》せに暮《く》らしました

犬《いぬ》のすごい能力《のうりょく》

　どうぶつには人《ひと》とちがう能力《のうりょく》がそなわっています。とりわけ犬《いぬ》は、**人《ひと》よりもすぐれたきゅう覚《かく》や聴力《ちょうりょく》**を生《い》かして、ずっと昔《むかし》から**わたしたちの生活《せいかつ》をサポートしてくれています。**

　第《だい》18話《わ》「ボスがくれたもの」のボスは、すぐれた聴覚《ちょうかく》で奏太《そうた》の声《こえ》を聞《き》き取《と》り、すぐれたきゅう覚《かく》を生《い》かして沙希《さき》のにおいをかぎ分《わ》けて、助《たす》けに来《き》てくれました。

人の100万倍《まんばい》から1億倍《おくばい》のきゅう覚《かく》をもっていて、人《ひと》がかぎ取《と》れるにおいを100万《まん》倍《ばい》にうすめても、においをかぎ分《わ》けられるんだよ。

人《ひと》の100万倍以上《まんばいいじょう》のきゅう覚《かく》

遠《とお》くの音《おと》を聞《き》き分《わ》けられる聴覚《ちょうかく》

人《ひと》の4～10倍《ばい》の能力《のうりょく》があるとされ、音《おと》が聞《き》こえる方向《ほうこう》を判断《はんだん》する能力《のうりょく》は約《やく》2倍《ばい》、遠《とお》くの音《おと》を聞《き》き分《わ》ける能力《のうりょく》は約《やく》4倍《ばい》もあるんだって！

後《うし》ろまで見《み》える視野《しや》

暗《くら》がりは得意《とくい》で、動体視力《どうたいしりょく》がすぐれているよ。また、視野《しや》は250～300度《ど》見《み》ることができ、かなり後《うし》ろのほうも見《み》えているんだよ。

行動《こうどう》を予測《よそく》する観察力《かんさつりょく》

悲《かな》しいときになぐさめてくれたり、ごはんや散歩《さんぽ》を察知《さっち》したり。犬《いぬ》が普段《ふだん》の飼《か》い主《ぬし》の様《よう》子《す》を観察《かんさつ》して、行動《こうどう》を予測《よそく》しているからなんだよ。

第《だい》22話《わ》

ぼくがキミを助《たす》ける！

かつて、人間《にんげん》のために命《いのち》をかけた「伝書鳩《でんしょばと》」がいた。

時《とき》は1926年《ねん》。
海軍《かいぐん》の鳩係《はとがかり》をつとめる森武志《もりたけし》は、広島《ひろしま》の呉港《くれこう》に停泊中《ていはくちゅう》の軍艦《ぐんかん》に乗《の》っていた。これから戦闘訓練《せんとうくんれん》をするため、沖《おき》に出《で》る。
武志《たけし》は甲板《かんぱん》に出《で》ると、朝《あさ》の日差《ひざ》しに目《め》を細《ほそ》めた。
「まだ暑《あつ》いなあ」
9月《がつ》になったとはいえ、まだ夏《なつ》の気温《きおん》だ。
鳩舎《きゅうしゃ》の戸《と》を開《あ》けると、百羽《ひゃくわ》ほどのハトがいっせいに武志《たけし》を見《み》た。
うれしそうに手《て》にのってきたのは、ムサシだ。足輪《あしわ》に名前《なまえ》がきざまれているが、武志《たけし》は羽《はね》の色合《いろあ》いで、どのハトかわかる。ムサシは、左右《さゆう》とも翼《つばさ》の先《さき》が白《しろ》い。

「おはよう。今日《きょう》も元気《げんき》だな」
武志《たけし》が背中《せなか》をなでると、ムサシは気持《きも》ちよさそうに、クルルと鳴《な》いた。

携帯電話《けいたいでんわ》もインターネットもない時代《じだい》、日本《にほん》の軍隊《ぐんたい》はヨーロッパの国々《くにぐに》にならって、伝書鳩《でんしょばと》を飼《か》っていた。

伝書鳩《でんしょばと》は、どこからでも巣《す》に帰《かえ》って来《く》る本能《ほんのう》がある。その本能《ほんのう》を利用《りよう》して、軍隊《ぐんたい》では伝書鳩《でんしょばと》に手紙《てがみ》をつけ、巣《す》がある軍隊《ぐんたい》の本《ほん》部《ぶ》まで飛《と》ばした。

敵《てき》の攻撃《こうげき》によって、無線連絡《むせんれんらく》ができなくなったときなど、伝書鳩《でんしょばと》は大事《だいじ》な通信手段《つうしんしゅだん》になった。

その伝書鳩《でんしょばと》の世話《せわ》と訓練《くんれん》が、鳩係《はとがかり》の武志《たけし》の仕事《しごと》だ。

「さて、そうじを始《はじ》めるか」

武志《たけし》がムサシをとまり台《だい》にもどしたとき、甲板《かんぱん》に太《ふと》い声《こえ》がひびいた。

「昨日《きのう》、関東《かんとう》で大地震《だいじしん》が発生《はっせい》。我々《われわれ》は救助《きゅうじょ》のため、予定《よてい》を変更《へんこう》し、横須賀《よこすか》へ向《む》かう！」

武志《たけし》の胸《むね》がドクッと、はね上《あ》がった。

（関東《かんとう》で大地震《だいじしん》だって？　小夜《さよ》さんは、無《ぶ》事《じ》だろうか）

小夜《さよ》のふんわりした笑顔《えがお》が浮《う》かぶ。

横浜《よこはま》に暮《く》らす小夜《さよ》と武志《たけし》は、来月《らいげつ》、結婚《けっこん》式《しき》をあげる予定《よてい》だ。

「森《もり》はいるか？」

通信科《つうしんか》の上官《じょうかん》、田村《たむら》がやって来《き》た。

「関東《かんとう》の軍隊《ぐんたい》と無線《むせん》が通《つう》じず、災害《さいがい》の情報《じょうほう》が入《はい》ってこない。鳩係《はとがかり》は横浜《よこはま》に入《はい》り、災害《さいがい》の状況《じょうきょう》を本部《ほんぶ》に伝《つた》えるように、との命令《めいれい》だ」

武志《たけし》は、力強《ちからづよ》くうなずいた。

「了解《りょうかい》しました！」

横須賀港《よこすかこう》に着《つ》くと、武志《たけし》はハト用《よう》のリュックに伝書鳩《でんしょばと》3羽《わ》を入《い》れて、車《くるま》に乗《の》りこんだ。急《いそ》いで横浜《よこはま》を目指《めざ》すが、道《みち》は地震《じしん》でひび割《わ》れ、思《おも》うように進《すす》めない。

ようやく横浜《よこはま》が見《み》えたとき、武志《たけし》は息《いき》を飲《の》んだ。町《まち》から、もうもうとけむりが上《あ》がっている。車《くるま》を降《お》りると、ほとんどの建物《たてもの》がくずれていて、広《ひろ》く見《み》わたせた。

（戦争《せんそう》で爆撃《ばくげき》を受《う》けたみたいだ。こんななかで、小夜《さよ》さんは……）

武志《たけし》は不安《ふあん》を振《ふ》り払《はら》うように、自分《じぶん》のほおをピシャッとたたいた。

（落《お》ち着《つ》け。大丈夫《だいじょうぶ》だ）

公園《こうえん》は、避難《ひなん》してきた人《ひと》でいっぱいだった。武志《たけし》はほかの兵士《へいし》と手分《てわ》けして、集《あつ》まっている人《ひと》の数《かず》やけが人《にん》を確認《かくにん》していった。

人《ひと》と荷物《にもつ》の間《あいだ》をぬって歩《ある》いていると、リヤカーに横《よこ》たわる人《ひと》が見《み》えた。全身《ぜんしん》が黒《くろ》くすすけているが、小夜《さよ》に似《に》ている。

武志《たけし》は、リヤカーにかけ寄《よ》った。

そばにいたおじいさんが、つかれた声《こえ》でいった。
「その娘《むすめ》さんとは、とちゅうで一緒《いっしょ》になったんだが、足《あし》をけがしてな」
「おい、小夜《さよ》さん。しっかりしろ！」
肩《かた》をゆらすと、小夜《さよ》は足《あし》の痛《いた》みに顔《かお》をしかめ、武志《たけし》を見《み》た。
「武志《たけし》さん？　なんでここに……」
急《きゅう》に、公園《こうえん》の外《そと》がさわがしくなった。
「外国船《がいこくせん》が横浜《よこはま》を攻撃《こうげき》しに来《き》たぞ！」
「早《はや》くにげろ！」
悲鳴《ひめい》があがり、みながもみくちゃになって公園《こうえん》から出《で》ようとする。
小《ちい》さな子《こ》どもが、押《お》しつぶされそうだ。
武志《たけし》は、声《こえ》を張《は》り上《あ》げた。

「デマだ。軍部《ぐんぶ》に、そんな情報《じょうほう》は届《とど》いていない。落《お》ち着《つ》くんだ！」
電話《でんわ》が通《つう》じず、電車《でんしゃ》も動《うご》かない。正《ただ》しい情報《じょうほう》が入《はい》らないなか、人々《ひとびと》はパニックになっていた。
（早《はや》く救援《きゅうえん》を頼《たの》まなくては……）
武志《たけし》は被災状況《ひさいじょうきょう》や、避難《ひなん》している人《ひと》とけが人《にん》の数《かず》を紙《かみ》に書《か》くと、通信用《つうしんよう》の筒《つつ》に入《い》れた。
リュックからムサシを出《だ》して、脚《あし》に筒《つつ》をつける。
「頼《たの》んだぞ」
武志《たけし》が放《はな》すと、ムサシはバッと舞《ま》い上《あ》がり、横須賀《よこすか》に向《む》かっていった。

続《つづ》いて、2羽《わ》の伝書鳩《でんしょばと》にも同《おな》じ内容《ないよう》をつけて放《はな》った。なんらかのトラブルで、伝書《でんしょ》鳩《ばと》が鳩舎《きゅうしゃ》にもどらないこともあるからだ。

武志《たけし》は、伝書鳩《でんしょばと》が飛《と》んでいった空《そら》を見《み》て願《ねが》った。

（頼《たの》む。みんなを助けてくれ！）

◆◆◆

夜《よる》、軍用車《ぐんようしゃ》がやって来《き》た。兵士《へいし》が食料《しょくりょう》や水《みず》、医療品《いりょうひん》をつぎつぎに運《はこ》び入《い》れる。

武志《たけし》は、兵士《へいし》にかけ寄《よ》った。

「ハトが着《つ》いたのですね！」

「はい。被災状況《ひさいじょうきょう》がわかり、支援《しえん》の指令《しれい》が出《で》たのです。海軍《かいぐん》と陸軍《りくぐん》で鳩隊《はとたい》が組《く》まれ、兵士八百人《へいしはっぴゃくにん》と二千羽《にせんば》のハトが、各地《かくち》から本《ほん》部《ぶ》に被災状況《ひさいじょうきょう》を伝《つた》えているところです」

武志《たけし》は、ほっと小《ちい》さく息《いき》をついた。

（よかった。状況《じょうきょう》が伝《つた》われば、多《おお》くの人《ひと》を助《たす》けることができる）

人々《ひとびと》に食料《しょくりょう》と水《みず》を配《くば》ったあと、兵士《へいし》たちは軍用車《ぐんようしゃ》に小夜《さよ》たちけが人《にん》を乗《の》せて、病院《びょういん》に運《はこ》んだ。小夜《さよ》が手当《てあ》てを受《う》けたのを見《み》て、武志《たけし》は戦艦《せんかん》にもどった。

鳩舎《きゅうしゃ》にはわずかに伝書鳩《でんしょばと》が残《のこ》っていたが、昨日《きのう》放《はな》った伝書鳩《でんしょばと》は3羽《わ》ともいなかった。

（なぜだ。帰《かえ》って来《き》たはずだろ？）

武志《たけし》が立《た》ちつくしていると、

「森《もり》、ご苦労《くろう》だった」

上官《じょうかん》の田村《たむら》がかごをかかえて、鳩舎《きゅうしゃ》に入《はい》って来《き》た。かごには、背中《せなか》にぬい傷《きず》のある伝書鳩《でんしょばと》が入《はい》っていた。

武志《たけし》は、あっと、声《こえ》をあげた。

「ムサシ！」

「昨日《きのう》、こいつだけ帰《かえ》って来《き》たんだ。タカにおそわれたのか、けがをしていた」

武志《たけし》はくっと、歯《は》をくいしばった。ふらふら飛《と》ぶムサシの姿《すがた》が目《め》に浮《う》かぶ。

武志《たけし》の頼《たの》みを、軍《ぐん》に届《とど》けたムサシ。こうしている今《いま》も、人間《にんげん》のために命《いのち》をけずって飛《と》ぶ伝書鳩《でんしょばと》。申《もう》しわけなくて、ありがたくて、涙《なみだ》があふれ出《で》た。

「自分《じぶん》が、ムサシを看護《かんご》します！」

武志《たけし》は田村《たむら》からかごを受《う》け取《と》り、ムサシを見《み》つめた。

「今度《こんど》は、オレがおまえを助《たす》けるからな」

第《だい》23話《わ》

忠犬《ちゅうけん》ハチ

ご主人《しゅじん》に忠誠《ちゅうせい》をつくした秋田犬《あきたいぬ》"ハチ"の物語《ものがたり》。

ある日《ひ》 東京渋谷《とうきょうしぶや》にある 上野邸《うえのてい》に
さあ 着《つ》いたぞ
秋田《あきた》から 秋田犬《あきたいぬ》の子犬《こいぬ》が やって来《き》ました
やあ小林《こばやし》くん ご苦労《くろう》だったね
いえ先生《せんせい》 いつも植木《うえき》の手《て》入《い》れ させてもらってますから
ようこそ
今日《きょう》からわたしが おまえの飼《か》い主《ぬし》だ

クゥウン…
新《あたら》しい飼《か》い主《ぬし》…？
ひょいっ
秋田《あきた》からの長旅《ながたび》で疲《つか》れたろう
上野先生《うえのせんせい》は大学《だいがく》のえらい教授《きょうじゅ》だ
いっぱい勉強《べんきょう》するんだぞ
まあ小林《こばやし》さんたら
おまえの名《な》は〝ハチ〟だ
末広《すえひろ》がりの「八《はち》」で縁起《えんぎ》がいいだろう？
今日《きょう》からわたしたちは家族《かぞく》だ
よろしくね
家族《かぞく》…？

なんだか とっても あったかい
ハチ ハチ ごはんですよ
ハチ…どこへ 行《い》ったのかしら？
……
……
あら？
これが 大学《だいがく》で行《おこな》っている 農業土木《のうぎょうどぼく》の研究《けんきゅう》だ
たとえば田《た》んぼを 整理《せいり》すると トラクターが 使《つか》いやすくなって 作物《さくもつ》の収穫量《しゅうかくりょう》が…

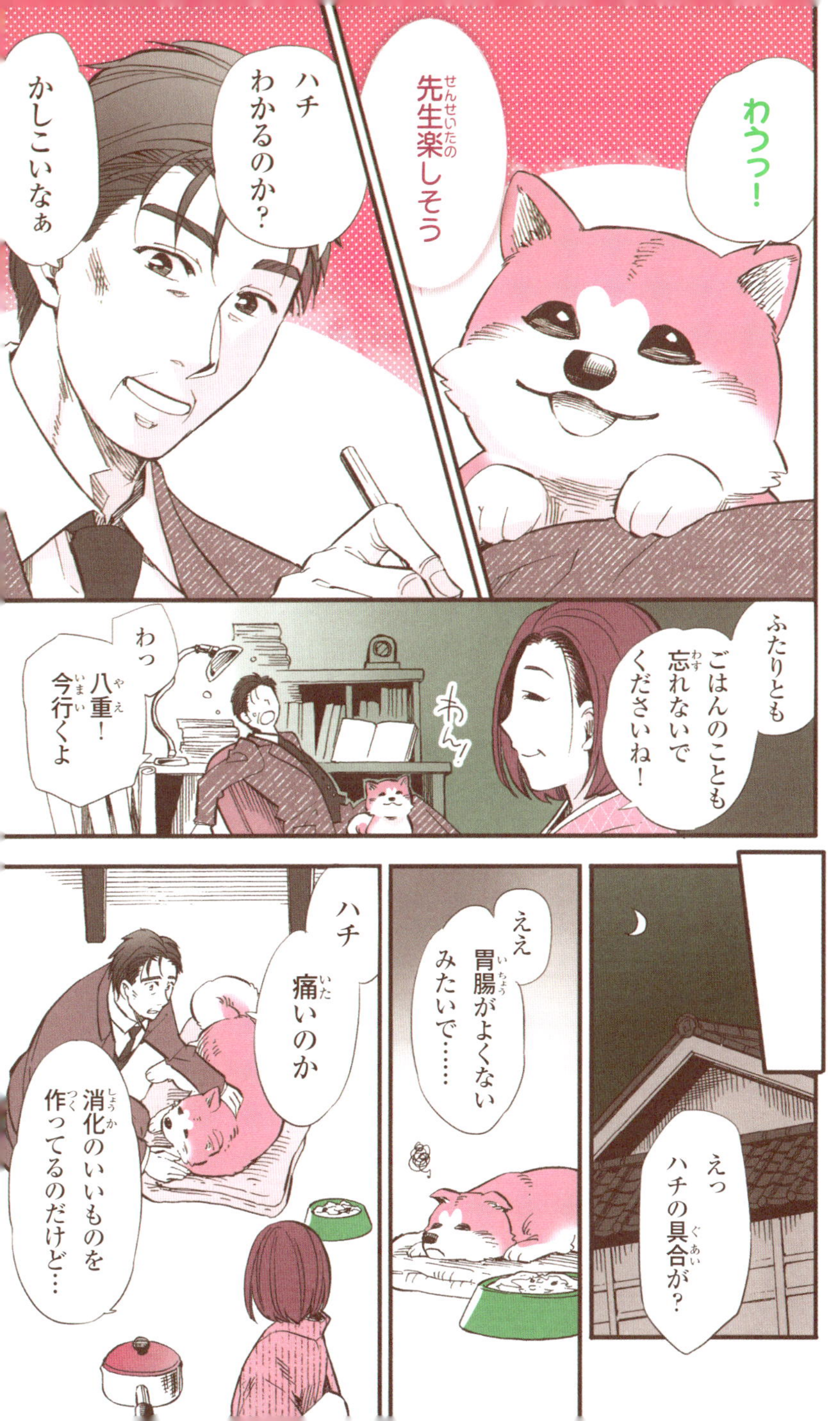
わうっ!
先生《せんせい》楽《たの》しそう
ハチ わかるのか?
かしこいなぁ
ふたりとも ごはんのことも 忘《わす》れないで くださいね!
わん!
わっ 八重《やえ》! 今《いま》行《い》くよ
えっ ハチの具合《ぐあい》が?
ええ 胃腸《いちょう》がよくない みたいで……
ハチ
痛《いた》いのか
消化《しょうか》のいいものを 作《つく》ってるのだけど…

かわいそうに…
ほらハチ あったかいだろう 早《はや》くよく なっておくれ…
先生《せんせい》と 一緒《いっしょ》だ…
わんっ
先生《せんせい》 早《はや》く早《はや》く！
ぴょんっ
ぴょんっ
すっかり元気《げんき》に なったな！
よかったわ

おっハチ
先生《せんせい》に看病《かんびょう》してもらったんだって？
うん！
よかったな！
さて
行《い》ってくるよ
行《い》ってらっしゃい
あなた
…それと
ハチも
わん！
ハチが先生《せんせい》の送《おく》り迎《むか》えを!?
ええ毎日《まいにち》
最初《さいしょ》は先生《せんせい》の後《あと》をついて行《い》ってしまって

すっかり日課《にっか》ね
毎朝渋谷駅《まいあさしぶやえき》まで送《おく》りに行《い》って
夕方《ゆうがた》になると迎《むか》えに行《い》くのがハチの仕事《しごと》なのよ
渋谷駅
SHIBUYA STATION
ただいまハチ
あっ先生《せんせい》だ！
ざわ
ざわ
わんっ
わんっ
お帰《かえ》りなさい！

いつも えらいですねぇ
ああ
かわいいでしょう かしこい犬《いぬ》でね
ははは 親《おや》バカですかね
ぼくにとっても
自慢《じまん》の先生《せんせい》だよ！

あなた もう休《やす》んだ ほうが…
いや この論文《ろんぶん》を先《さき》に まとめるよ
ハチ… 最近《さいきん》相手《あいて》を してやれなくて ごめんな
今《いま》が山場《やまば》なんだ これが終《お》わったら
そうだ 旅行《りょこう》に行《い》こう
ハチの故郷《こきょう》の 秋田《あきた》がいいな
？
すり
先生《せんせい》
無理《むり》しない でね…

渋谷駅
SHIBUYA STATION
じゃあ
行《い》ってくるよ
また
帰《かえ》りにな
先生《せんせい》待《ま》ってるよ
ぼくここで
ガシャー
そ…んな
うそ…

主人《しゅじん》が たおれた…!?
脳《のう》いっ血《けつ》で 突然《とつぜん》のことでした…
あなた
どうして!
目《め》を開《あ》けて…!
先生《せんせい》
今日《きょう》は おそいなあ

まだかなぁ
先生《せんせい》…
…ハチ！
先生《せんせい》はもう帰《かえ》って来《こ》ないの…
どうしたの
クゥン…
なんで泣《な》いてるの？
…ハチ 先生《せんせい》ね亡《な》くなったの
帰《かえ》りましょう…

――そして
葬儀《そうぎ》のあいだ
ハチは先生《せんせい》の
布団《ふとん》を入《い》れた
押入《おしい》れにこもり
三日間《みっかかん》ごはんを
食《た》べませんでした
その後《ご》
日本橋《にほんばし》の親《しん》せきや
浅草《あさくさ》の知人宅《ちじんたく》を
転々《てんてん》としたのちに
八重《やえ》さんの
世田谷《せたがや》の家《いえ》で
暮《く》らします
しかし
家《いえ》を飛《と》び出《だ》して遠《とお》い
渋谷駅《しぶやえき》へ向《む》かおうと
さまようハチ
ハチはやむを得《え》ず
渋谷駅《しぶやえき》に近《ちか》い
小林《こばやし》さんの家《いえ》に
預《あず》けられることに
なりました

ハチ 渋谷駅《しぶやえき》に 行《い》きたいのか？
渋谷駅
先生《せんせい》を迎《むか》えに 行《い》きたいんだな…
…ハチ
オレは 止《と》めないよ
わん！
先生《せんせい》
先生《せんせい》 待《ま》っててね
今《いま》迎《むか》えに 行《い》くから

ぼく先生《せんせい》に会《あ》いたいよ
〝いい子《こ》だ〟って頭《あたま》をなでてよ…
雨《あめ》の日《ひ》も雪《ゆき》の日《ひ》もハチは渋谷駅《しぶやえき》に通《かよ》いました
渋谷駅 SHIBUYA STATION
うわっ あっち行《い》けよ！
きたねぇ 野良犬《のらいぬ》だな
しっしっ エサはないよ！

寄《よ》るな クソ犬《いぬ》！
ヨロ…
すとん
居座《いすわ》る気《き》か 野良犬《のらいぬ》！
ここだ
ここで待《ま》って いれば先生《せんせい》が 帰《かえ》って来《く》る
だって いつも あの階段《かいだん》の上《うえ》から
先生《せんせい》は帰《かえ》って 来《き》たもの
ハチ！
どけよっ じゃまだな
ドッ
ぼくの名前《なまえ》を 呼《よ》んで くれたもの

ダッ
毎日《まいにち》ここで待《ま》ってるよ
先生《せんせい》が
ぼくを探《さが》さないように――……
ただいま
ざわ
ざわ
渋谷駅
おっこの犬《いぬ》か！亡《な》き主人《しゅじん》を待《ま》ってるってのは
今日《きょう》も健気《けなげ》だねぇ
食《た》べるかい？
このころ〝主人《しゅじん》の帰《かえ》りを待《ま》つ忠犬《ちゅうけん》〟として新聞《しんぶん》にハチが紹介《しょうかい》されました
いとしや老犬物語
今は亡き主人の帰りを
感動《かんどう》した人々《ひとびと》は渋谷駅《しぶやえき》にハチの像《ぞう》を作《つく》りました

ハチは7年《ねん》も先生《せんせい》を待《ま》ち続《つづ》けました
しかし待《ま》てども待《ま》てども先生《せんせい》には会《あ》えませんでした
先生《せんせい》
ヨロ…
渋谷駅
先生《せんせい》
トスン
上野《うえの》先生《せんせい》…
もう…よく見《み》えないな
——あれ?

あれは…
ハチ
先生《せんせい》!?
ハチ
待《ま》たせて
ごめんな
先生《せんせい》だ!!
待《ま》ち続《つづ》けた
渋谷駅《しぶやえき》の近《ちか》くで
ハチはその生《しょう》がいを
閉《と》じたのでした

どうぶつに会《あ》えるスポット

しぐさや行動《こうどう》がとっても愛《あい》らしいどうぶつたち！
どうぶつが大好《だいす》きなみんなのために、会《あ》えるスポットを紹介《しょうかい》するよ。

1 いろんなどうぶつがいる！

動物園《どうぶつえん》

ペンギンやカバ、白《しろ》くまなど水辺《みずべ》で生活《せいかつ》するどうぶつ、オランウターンやレッサーパンダなど木《き》の上《うえ》で生活《せいかつ》するどうぶつなど、いろんな種類《しゅるい》がいっぺんに見《み》られるよ。

パンダがいる動物園《どうぶつえん》は日本《にほん》に３か所《しょ》だけ（2016年現在《ねんげんざい》）。アドベンチャーワールド（和歌山《わかやま》）、上野動物園《うえのどうぶつえん》（東京《とうきょう》）、神戸市立王子動物園《こうべしりつおうじどうぶつえん》（兵庫《ひょうご》）。

水族館《すいぞくかん》

海《うみ》や川《かわ》の中《なか》にすむたくさんの魚類《ぎょるい》のほかに、イルカやペンギン、アザラシ、オットセイやカメなどのどうぶつもいるよ。まるで海《うみ》の中《なか》にいるような気分《きぶん》に！

ジンベイザメがいる水族館《すいぞくかん》は、八景島《はっけいじま》シーパラダイス（神奈川《かながわ》）、のとじま水族館《すいぞくかん》（石川《いしかわ》）、海遊館《かいゆうかん》（大阪《おおさか》）、いおワールドかごしま水族館《すいぞくかん》（鹿児島《かごしま》）、沖縄美《おきなわちゅ》ら海水族館《うみすいぞくかん》（沖縄《おきなわ》）。

サファリパーク

動物園《どうぶつえん》よりも広々《ひろびろ》とした敷地《しきち》でどうぶつが生活《せいかつ》しているよ。車《くるま》に乗《の》って、より野生《やせい》に近《ちか》い姿《すがた》のどうぶつが観察《かんさつ》できるよ。車《くるま》から出《で》るのは危《あぶ》ないから、基本《きほん》は禁止《きんし》だよ！

ホワイトライオンが見《み》られるのは、東北《とうほく》サファリパーク（福島《ふくしま》）、那須《なす》サファリパーク（栃木《とちぎ》）、姫路《ひめじ》セントラルパーク（兵庫《ひょうご》）、秋吉台《あきよしだい》サファリランド（山口《やまぐち》）。

2 特定《とくてい》のどうぶつがたくさんいる！

ゾウ

千葉県《ちばけん》にある市原《いちはら》ぞうの国《くに》は、ゾウがメインテーマの動物園《どうぶつえん》。本場《ほんば》のタイ人のゾウ使《つか》いによるショーが見《み》られるよ。

鳥《とり》

全国《ぜんこく》に数《すう》か所《しょ》ある鳥《とり》だけの動物園《どうぶつえん》。インコやオウムはもちろん、大《おお》きなくちばしのオオハシなど、めずらしい鳥《とり》もたくさんいるよ。直接《ちょくせつ》エサをあげたり、鳥《とり》をうでにのせることもできる！

リス

リスだけの動物園《どうぶつえん》も全国《ぜんこく》にいくつかあるよ。なかには、リスが放《はな》し飼《が》いになっている広場《ひろば》で自由《じゆう》にふれ合《あ》い、エサをあげられるリス園《えん》もあるよ。しっぽが太《ふと》いタイワンリスや、しまもようのシマリスが多《おお》いよ。

キツネ

宮城県《みやぎけん》の蔵王《ざおう》にはキツネがメインの動物園《どうぶつえん》、キツネ村《むら》があるよ。キタキツネ、ホッキョクギツネなど 100 頭《とう》以上《いじょう》のキツネがいるよ。

3 島《しま》に特定《とくてい》のどうぶつがたくさんいる！

うさぎの島《しま》

広島県《ひろしまけん》の大久野島《おおくのしま》には700羽《わ》とも言《い》われるうさぎがいて、「うさぎ島《じま》」と呼《よ》ばれているよ。道《みち》ばたに野生化《やせいか》した野良《のら》うさぎがいるから、海外《かいがい》からもうさぎがかわいくて島《しま》に来《く》る観光客《かんこうきゃく》がたくさんいるよ。夏《なつ》の昼《ひる》間《ま》はほとんど木《こ》かげにかくれているよ。

ネコの島《しま》

宮城県《みやぎけん》の田代島《たしろじま》には、1000匹《びき》ものネコが住《す》んでいるよ。そのほとんどが飼《か》いネコと野良《のら》ネコの中間《ちゅうかん》のような、人々《ひとびと》の生活《せいかつ》に溶《と》け込《こ》んで暮《く》らす「地域《ちいき》ネコ」。ネコ目当《めあ》てで島《しま》に来《く》る観光客《かんこうきゃく》も多《おお》いよ。ネコにエサをあげるのは禁止《きんし》されてるよ。

4 カフェにどうぶつがいる！

ネコカフェ

うさぎカフェ

ネコ、うさぎ、ふくろう、小鳥《ことり》……。どうぶつがいるカフェが増《ふ》えているよ。ふれ合《あ》えるスペースがあるので、鳥《とり》はうでや手《て》にのせたり、うさぎはなでたり、お店《みせ》によってはだっこできることも。ネコは店内《てんない》で放《はな》し飼《が》いになっていることが多《おお》いよ！

ふくろうカフェ

小鳥《ことり》カフェ

第《だい》24話《わ》

いつもキミのそばで

ネコの虎丸《とらまる》をかわいくないと思《おも》っていた羽瑠《はる》。ところが、ある日《ひ》…。

うちにはネコがいる
わたしが生《う》まれる前《まえ》からいるネコで〝虎丸《とらまる》〟という
ずっと一緒《いっしょ》に過《す》ごしてきたわたしと虎丸《とらまる》はとても仲《なか》がよく――
羽瑠《はる》

なれていない
コロコロコロコロ
とてとて
ぴょーん
かわいいです♡
じゃれついてくる姿《すがた》に
いやされますねー
む～

かわいくないし いやされないよ 全然《ぜんぜん》なついてくれないんだもん
あれ 羽瑠《はる》 虎丸《とらまる》は？
知《し》らない！ どっか行《い》っちゃった
虎丸《とらまる》って あいそがなくて ちっとも かわいくない
あら…そこが かわいいんじゃない
羽瑠《はる》が 小《ちい》さいときはいつも 見守《みまも》ってくれてたのよ
そんなの 信《しん》じられない…
少《すこ》しくらいなついて くれてもいいのに…
虎丸《とらまる》ー

・・・・・・・・・・
コロコロコロコロ
プイッ
むぅ〜
お母《かあ》さーん
外《そと》で遊《あそ》んでくるー
暗《くら》くなる前《まえ》に
帰《かえ》るのよ
スクッ
……
虎丸《とらまる》なんて
つまんないっ！

公園
…つまんない
ブ
あっ
ぽーん
もー
変《へん》なとこに
飛《と》んじゃった…
あっ
あったー!

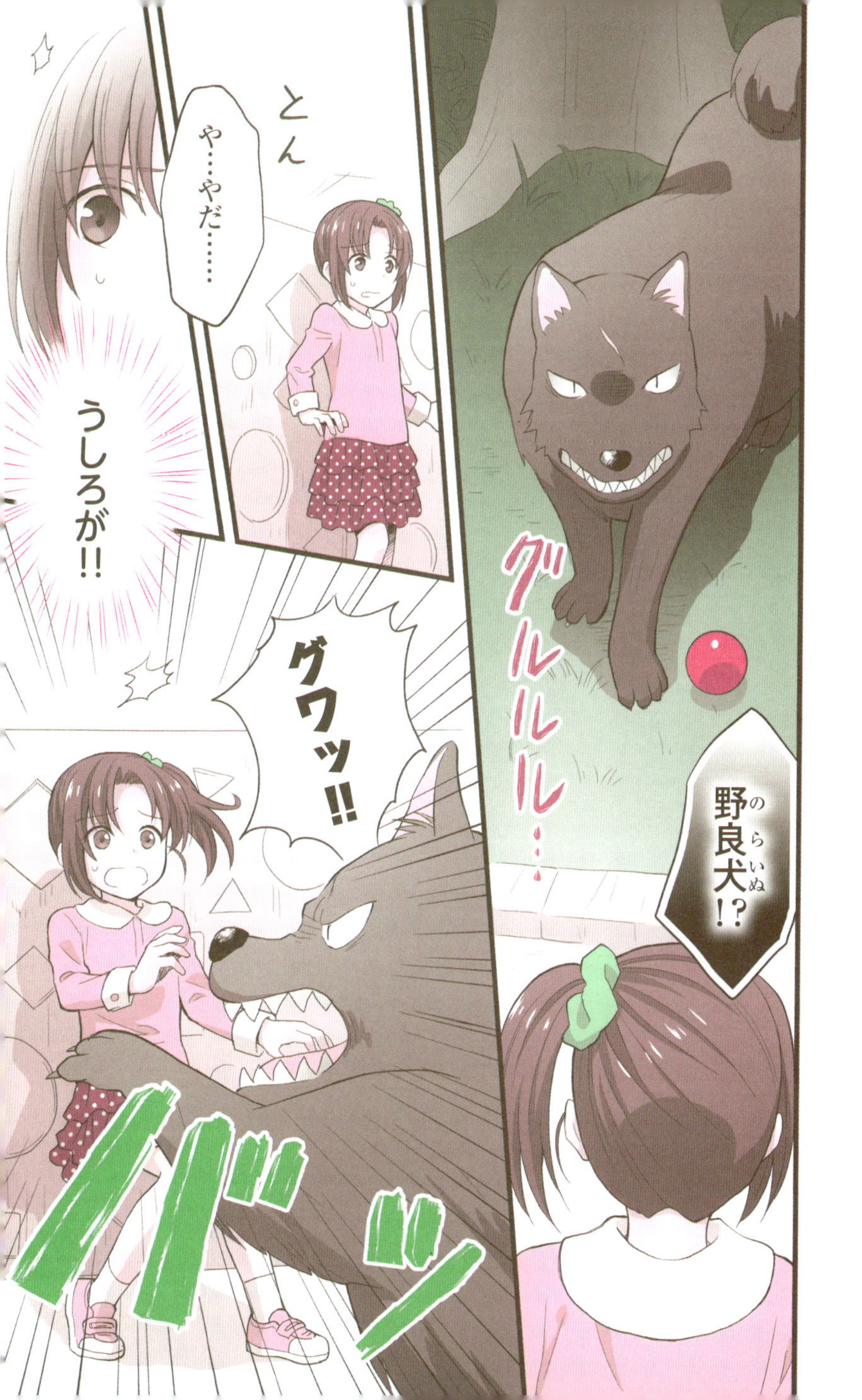

グルルル…
野良犬《のらいぬ》!?
とん
や…やだ……
うしろが!!
グワッ!!

え…
虎丸《とらまる》!?
ジリ…

ザシュ
危《あぶ》ないよ 虎丸《とらまる》!!
ズザァ
ヨロ…
キッ
グッ…

フーッ
ビクッ
たじ…
くぅ〜ん
タタタ…
グラ…
どさ
虎丸《とらまる》!!
血《ち》…
早《はや》く手当《てあ》てしなきゃ…!

どうしよう…
わたしのせいだ
虎丸《とらまる》 すごく軽《かる》い
こんなに小《ちい》さな体《からだ》で
わたしを……
なんで…？

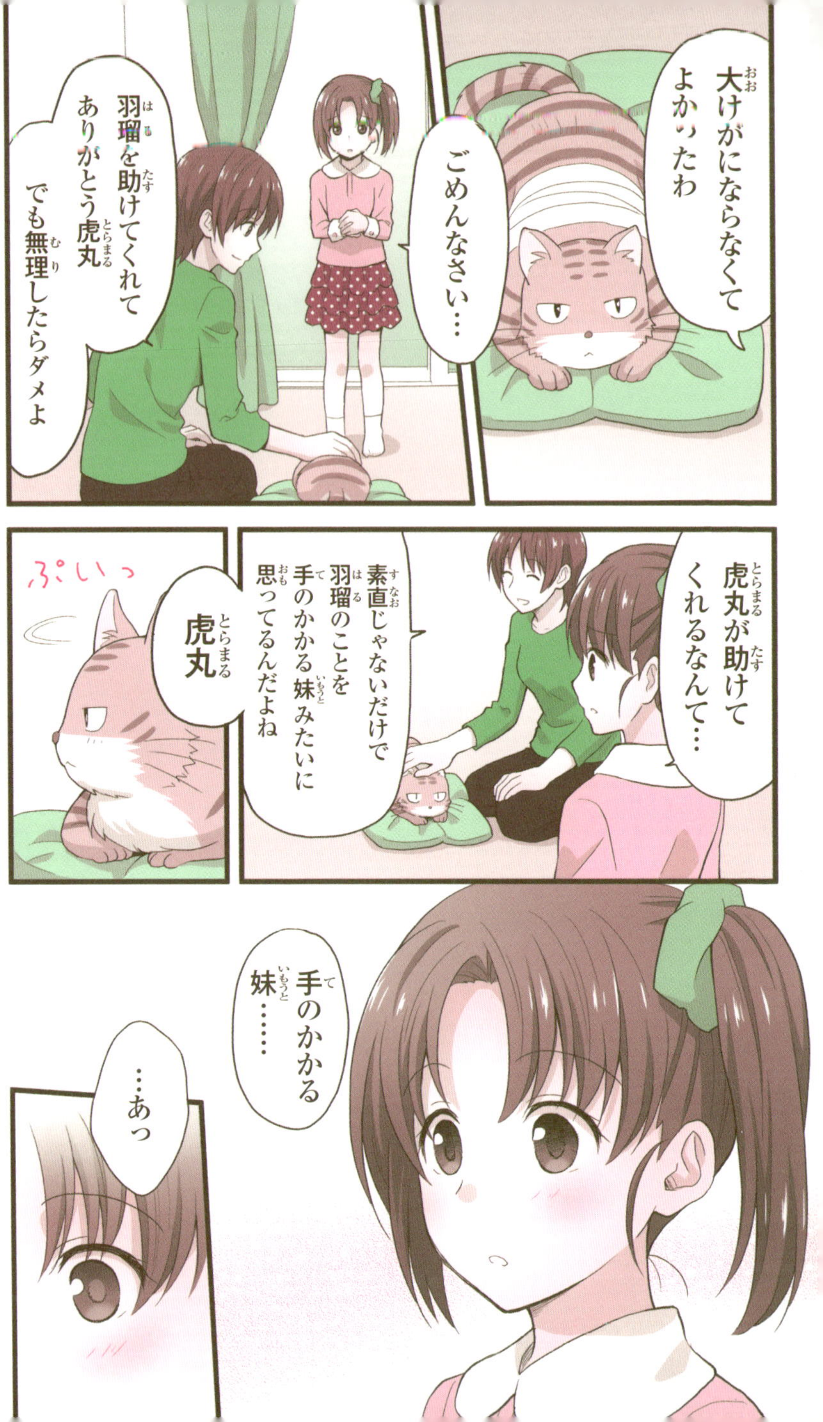
大《おお》けがにならなくてよかったわ
ごめんなさい…
羽瑠《はる》を助《たす》けてくれてありがとう虎丸《とらまる》
でも無理《むり》したらダメよ
虎丸《とらまる》が助《たす》けてくれるなんて…
素直《すなお》じゃないだけで羽瑠《はる》のことを手《て》のかかる妹《いもうと》みたいに思《おも》ってるんだよね
虎丸《とらまる》
ぷいっ
手《て》のかかる妹《いもうと》……
…あっ

虎丸《とらまる》があのとき
現《あらわ》れたのは
偶然《ぐうぜん》じゃ
なかったんだ…
そっけなくても
わたしのことを気《き》にして
くれていたんだね
ありがとう
虎丸《とらまる》

ペロ
うちには
ネコがいる
わたしが生《う》まれる
前《まえ》からいるネコで
虎丸《とらまる》という
あいそは悪《わる》いし
一緒《いっしょ》に遊《あそ》んで
くれないけど——
わたしの自慢《じまん》の
お兄《にい》ちゃんです

第《だい》25話《わ》

みなしごゾウのマーチ

ゾウの保護《ほご》センターで働《はたら》くミシーは、子《こ》ゾウのマーチを世話《せわ》することに。

ミシーは18歳《さい》になる一《に》か月前《げつまえ》から、アフリカのケニアにあるゾウの保護《ほご》センターで働《はたら》きはじめた。

保護《ほご》センターは、密猟者《みつりょうしゃ》に家族《かぞく》を殺《ころ》されたり、仲間《なかま》とはぐれたりした子《こ》ゾウを育《そだ》て、野生《やせい》にもどす施設《しせつ》だ。

昼《ひる》すぎ、一頭《いっとう》の子《こ》ゾウが、保護《ほご》センターに運《はこ》び込《こ》まれた。体《からだ》の大《おお》きさからすると、3歳《さい》ぐらいに見《み》える。

弱《よわ》っているようで、シートにぐったりと横《よこ》たわっていた。

「ミルクだよ。飲《の》んでごらん」

ミシーが人工《じんこう》ミルクを差《さ》し出《だ》したが、子《こ》ゾウは飲《の》もうとしない。

ベテラン飼育員《しいくいん》のジンバが、首《くび》をふった。

「目《め》の前《まえ》で母親《ははおや》を殺《ころ》されたショックで、生《い》きる気力《きりょく》をなくしてしまったんだ」

「…そんな。どうしたらいいんでしょう」

「この子《こ》は、悲《かな》しみと不安《ふあん》でいっぱいなんだ。食《た》べないで死《し》んでいく——ぼくは、そんなコを何頭《なんとう》も見送《みおく》ったよ」

ジンバが、大《おお》きなため息《いき》をついた。

象牙《ぞうげ》と呼ばれるゾウの牙《きば》はつやつやして美《うつく》しく、アクセサリーや工芸品《こうげいひん》、はんこなどの材料《ざいりょう》として、高《たか》く売《う》れる。そのため、ゾウはつぎつぎに殺《ころ》され、牙《きば》をうばわれた。ゾウの数《かず》が減《へ》ったため、20年以上前《ねんいじょうまえ》、世界《せかい》で象牙《ぞうげ》の取引《とりひき》が禁止《きんし》された。にもかかわらず、ゾウを狩《か》る密猟《みつりょう》はなくならない。

ミシーは、子《こ》ゾウのおでこをそうっと、なでた。

「ごめんなさい……」

子《こ》ゾウにつらい思《おも》いをさせているのは、わたしたち人間《にんげん》。子《こ》ゾウを助《たす》けても、起《お》きたことも心《こころ》の傷《きず》もなくせない。密猟《みつりょう》がなくなって保護《ほご》しないですむのが一番《いちばん》いい。そう思《おも》うと、あやまらずにはいられなかった。

ミシーは子《こ》ゾウをやさしく、なで続《つづ》けた。

しばらくして、子《こ》ゾウの口《くち》にミルクを差《さ》し入《い》れると、

コクン。

子《こ》ゾウがひと口《くち》、飲《の》みこんだ。

「そうよ！　もっと飲《の》んで」

コクコクコク……。

子《こ》ゾウがミルクを飲《の》み出《だ》し、ミシーは、ふーっと、息《いき》をついた。

ジンバがにっと、笑《わら》った。

「ミシー、やったな！」

数日後《すうじつご》、元気《げんき》になった子《こ》ゾウに、マーチという名《な》がつけられた。

マーチは、保護《ほご》センターにいる子《こ》ゾウたちとすぐに仲《なか》よくなり、昼間《ひるま》はセンターの外《そと》に出《で》かけて草《くさ》や葉《は》を食《た》べたり、どろ浴《あ》び場《ば》で、どろをかけ合《あ》ったりした。

ミシーら飼育員《しいくいん》と子《こ》ゾウたちが保護《ほご》センターに帰《かえ》ってくると、ジンバが手《て》に持《も》った人工《じんこう》ミルクを高《たか》く上《あ》げた。

「おかえりー」

子《こ》ゾウたちが、ジンバにかけ寄《よ》っていく。

ゾウは、2歳《さい》まではミルクだけで育《そだ》つ。草《くさ》や葉《は》、果実《かじつ》を食《た》べるようになってからも、4歳《さい》まではミルクも飲《の》む。

ミシーは、ミルクを飲《の》む子《こ》ゾウたちの背《せ》中《なか》に、毛布《もうふ》をかけてまわった。

夜《よる》は飼育員《しいくいん》が毎日《まいにち》、ちがう子《こ》ゾウの小屋《こや》に泊《と》まる。

子《こ》ゾウごとに飼育担当者《しいくたんとうしゃ》を決《き》めないのは、その飼育員《しいくいん》がいなくなったときに、子《こ》ゾウが母親《ははおや》を失《うしな》ったようなショックを受《う》けてしまうから。みんなが、お母《かあ》さん代《が》わりになるようにするためだ。

その夜《よる》、ミシーが寝《ね》ていると、マーチが鼻《はな》をのばして、ミシーの毛布《もうふ》をめくった。
「ああ、おなかがすいたのね」
ミシーは目《め》をこすって起《お》き上《あ》がり、人工《じんこう》ミルクの用意《ようい》をした。ボトルを持《も》つミシーの手《て》に、マーチが鼻《はな》をからめる。
「くすぐったいよ、マーチ」
ミシーは笑《わら》いながら、マーチにミルクを飲《の》ませた。マーチをかわいいと思《おも》えば思《おも》うほど、もやもやした気持《きも》ちになる。
（マーチを幸《しあわ》せにしてあげたい。でも、わたしたちがしていることは、本当《ほんとう》にマーチのためになっているのかな……）
昼間《ひるま》、ミシーら飼育員《しいくいん》が、子《こ》ゾウを散歩《さんぽ》に連《つ》れていくと、遠《とお》くに野生《やせい》のゾウの群《む》れが見《み》えた。
トタトタと、5歳《さい》の子《こ》ゾウがミシーたちからはなれて、野生《やせい》の群《む》れに近《ちか》づいていく。そのまま、子《こ》ゾウは野生《やせい》の群《む》れと一緒《いっしょ》に過《す》ごし、夕方《ゆうがた》になって、保護《ほご》センターにもどってきた。
こうして少《すこ》しずつ、野生《やせい》の群《む》れになじんでいき、やがて、保護《ほご》センターにもどってこなくなる。
ミシーが飼育員《しいくいん》になって5年目《ねんめ》。マーチが野生《やせい》の群《む》れについて行《い》き、帰《かえ》って来《こ》なくなった。
（これで、よかったのかな……）
マーチが野生《やせい》にもどったら、ほっとすると思《おも》っていた。なのに、心《こころ》は晴《は》れない。

（マーチは野生《やせい》にもどっても、本当《ほんとう》の家族《かぞく》と暮《く》らせるわけじゃない。また密猟《みつりょう》にあうかもしれない。同《おな》じ苦《くる》しみを味《あじ》わうかもしれない場所《ばしょ》に帰《かえ》って、幸《しあわ》せになれるの？）

悩《なや》み続《つづ》けて半年後《はんとしご》、ミシーは保護《ほご》センターの仕事《しごと》をやめた。

◆　◆　◆

それから数年《すうねん》。

ミシーは車《くるま》で町《まち》へ買《か》い物《もの》に向《む》かう途中《とちゅう》、ぬかるみにはまって、動《うご》けなくなった。外《そと》に出《で》て車《くるま》を押《お》したが、タイヤがぬかるみから出《で》ない。

家族《かぞく》に助《たす》けを頼《たの》もうと、運転席《うんてんせき》にもどって携帯電話《けいたいでんわ》をかけていると、

コツン。

運転席《うんてんせき》の窓《まど》が、ノックされた。

「あっ」

外《そと》にいたのは、マーチ。

ミシーは信《しん》じられない気持《きも》ちで、窓《まど》を開《あ》けた。マーチが鼻《はな》でミシーの頭《あたま》をなでる。

「大《おお》きくなって……」

マーチと過《す》ごした日々《ひび》が、よみがえってくる。

ふと、マーチに寄《よ》りそう赤《あか》ちゃんゾウが、目《め》に入《はい》った。

「もしかして、マーチの赤《あか》ちゃん？」

はなれた場所《ばしょ》に、ゾウの群《む》れも見《み》えた。

「赤《あか》ちゃんを見《み》せに来《き》てくれたの？」

マーチはゆっくりと車《くるま》のうしろにまわると、おでこで車《くるま》を押《お》しはじめた。

「そっか、助《たす》けてくれるんだね」

ミシーはハンドルをにぎると、アクセルをふんだ。

ギュルルル、ギュルルル、ブインッ。

タイヤが回《まわ》り、車《くるま》がぬかるみから出《で》る。

ミシーは車《くるま》から出《で》て、マーチをなでた。

「ありがとう。マーチ」

マーチはしばらくミシーとふれ合《あ》ったあと、赤《あか》ちゃんを連《つ》れて、ゆっくりと群《む》れにもどっていった。

「マーチはもう、みなしごじゃないね。自《じ》分《ぶん》で、新《あたら》しい家族《かぞく》をつくったんだね」

ミシーは、あふれ出《で》る涙《なみだ》をぬぐった。

（わたしがマーチを幸《しあわ》せにしたいなんて、まちがっていた。幸《しあわ》せは、だれかに与《あた》えられるものじゃないんだ）

心《こころ》に、熱《あつ》いものがわいてくる。

（マーチ、やっとわかったよ。わたしがすべきことは、子《こ》ゾウが自分《じぶん》の生《い》き方《かた》を見《み》つけるまで手伝《てつだ》うこと。そして、象牙《ぞうげ》を買《か》わないよう、世界中《せかいじゅう》に伝《つた》えることだって）

ミシーは車《くるま》に乗《の》ると、ゾウの保護《ほご》センターに向《む》かって走《はし》りだした。

第《だい》26話《わ》

兄《あに》とオレとジュウシマツ

兄《あに》の将太《しょうた》がジュウシマツを飼《か》いたかった本当《ほんとう》の理由《りゆう》は？

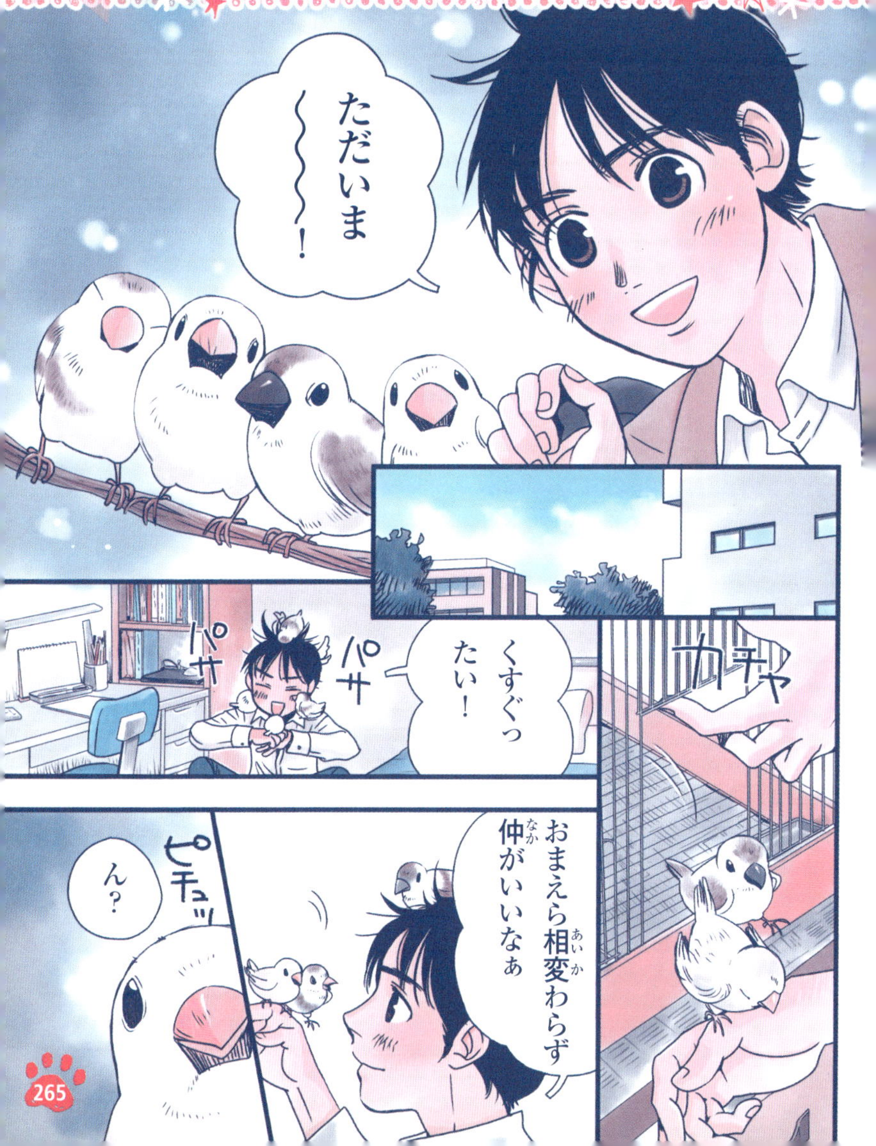

オレたちもだって？
チュプ
ピチュ
チュププ
うん、そうだな
チュチュ
ピチュ
七年前《ななねんまえ》——
圭太《けいた》ー お兄《にい》ちゃん 帰《かえ》ってきたわよー
オレ 松村圭太《まつむらけいた》は 当時《とうじ》 小学四年生《しょうがくよねんせい》
聞《き》いてる？
聞《き》いてるよー ちょっと待《ま》って
将太《しょうた》 寒《さむ》くない？
うん 大丈夫《だいじょうぶ》
家族《かぞく》は両親《りょうしん》と 二《ふた》つ上《うえ》の兄《あに》 将太《しょうた》

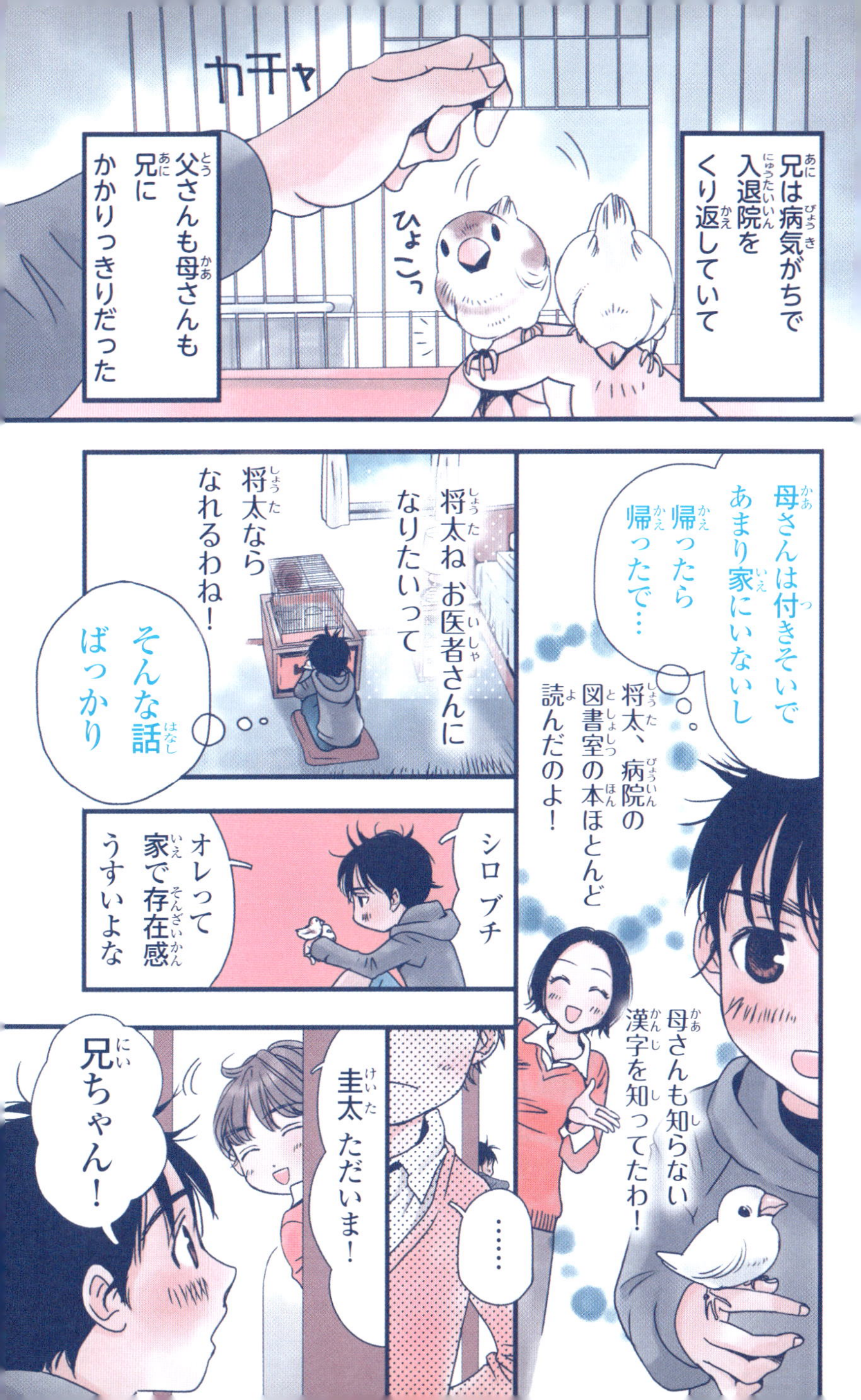
兄《あに》は病気《びょうき》がちで
入退院《にゅうたいいん》を
くり返《かえ》していて
カチャ
ひょこっ
父《とう》さんも母《かあ》さんも
兄《あに》に
かかりっきりだった
母《かあ》さんは付《つ》きそいで
あまり家《いえ》にいないし
帰《かえ》ったら
帰《かえ》ったで…
将太《しょうた》、病院《びょういん》の
図書室《としょしつ》の本《ほん》ほとんど
読《よ》んだのよ!
母《かあ》さんも知《し》らない
漢字《かんじ》を知《し》ってたわ!
将太《しょうた》ね お医者《いしゃ》さんに
なりたいって
将太《しょうた》なら
なれるわね!
そんな話《はなし》
ばっかり
シロ ブチ
オレって
家《いえ》で存在感《そんざいかん》
うすいよな
……
圭太《けいた》 ただいま!
兄《にい》ちゃん!

やば…今《いま》の聞《き》かれた？
お、おかえり
調子《ちょうし》どう？
圭太《けいた》の顔見《かおみ》たら
超元気《ちょうげんき》になった！
うそ言《い》うなよ そんな青白《あおじろ》い顔《かお》して
このコがシロとブチだな
うん 兄《にい》ちゃんが欲《ほ》しがってるからって
母《かあ》さんが買《か》ってきたよ
ぼくが入院《にゅういん》して圭太《けいた》がさびしいだろうから
頼《たの》んだんだ
…へ!?
な…さ…さびしくなんか

ぼくは
さびしかったぞ
弟《おとうと》よ!
わっ
ギュー
に兄《にい》ちゃ…
その腕《うで》は細《ほそ》いけど
力強《ちからづよ》くて
オレは
ちょっと
安心《あんしん》したんだ
じゃあ母《かあ》さん
買《か》い物《もの》に
行《い》ってくるから
はーい
…母《かあ》さんさ
病室《びょうしつ》に来《く》るたび
圭太《けいた》のことばかり
話《はな》すんだ
え?
圭太《けいた》ね
リレー選手《せんしゅ》に
選《えら》ばれたの!
テストの点《てん》は
悪《わる》いのにねぇ
今度《こんど》勉強《べんきょう》
教《おし》えてあげてね

ぼくを元気《げんき》づけようとしてるんだと思《おも》うけど
ちょっと焼《や》きもち焼《や》くよね
兄《に》ちゃんのことばっかりだよ！
もうずーっと
えっ母《かあ》さん家《いえ》では
……
プッ
母《かあ》さんって…
なによ母さんもがんばってるの――！
不器用《ぶきよう》だよね
あれ？
どしたの？
シロが…ふくらんでる
具合《ぐあい》悪《わる》いのかな？

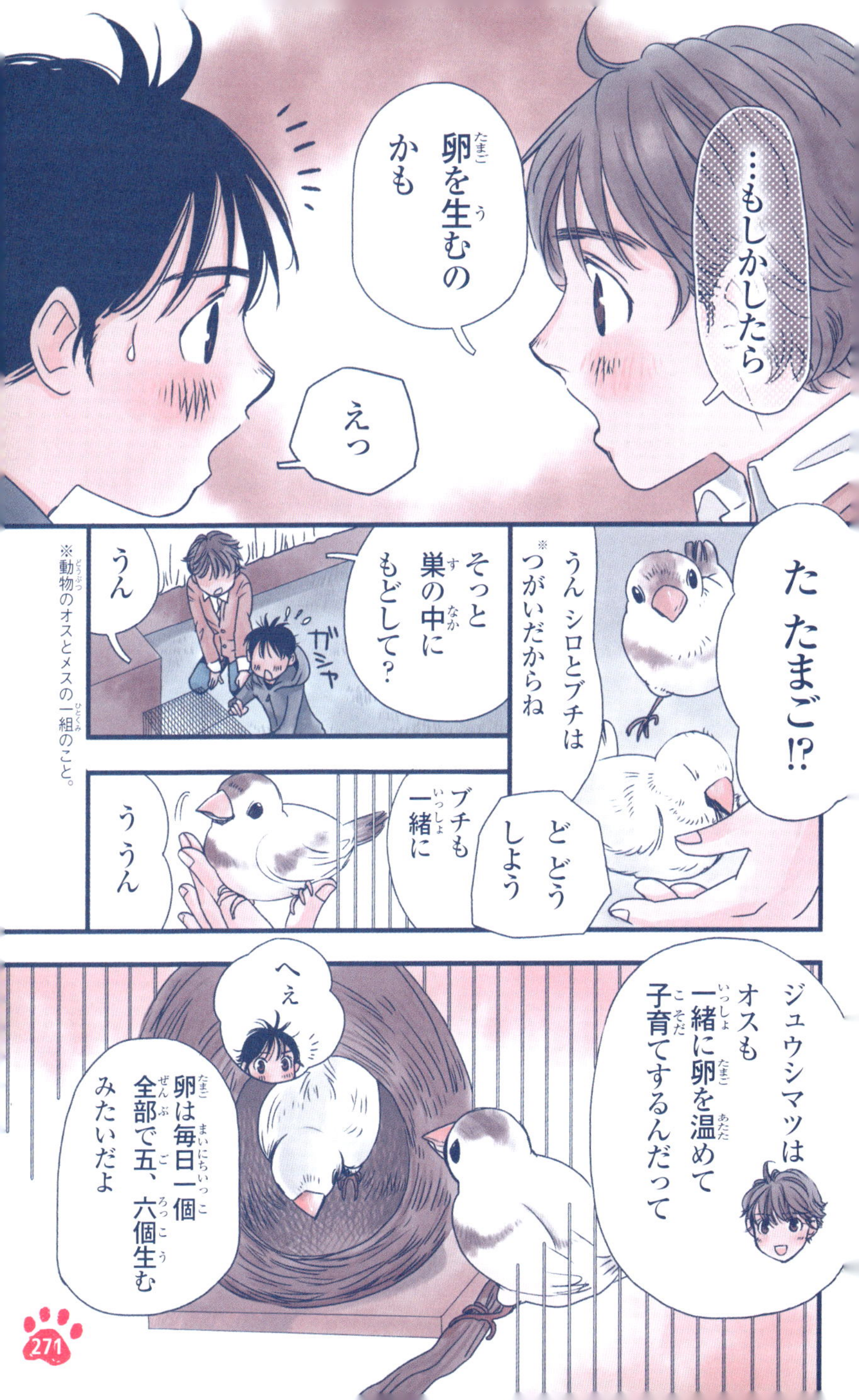
…もしかしたら
卵《たまご》を生《う》むのかも
えっ
たたまご!?
うん シロとブチは※つがいだからね
そっと巣《す》の中《なか》にもどして?
ガシャ
うん
どどうしよう
ブチも一緒《いっしょ》に
ううん
ジュウシマツはオスも一緒《いっしょ》に卵《たまご》を温《あたた》めて子育《こそだ》てするんだって
へぇ
卵《たまご》は毎日《まいにち》一個《いっこ》全部《ぜんぶ》で五《ご》、六個《ろっこ》生《う》むみたいだよ

※動物《どうぶつ》のオスとメスの一組《ひとくみ》のこと。

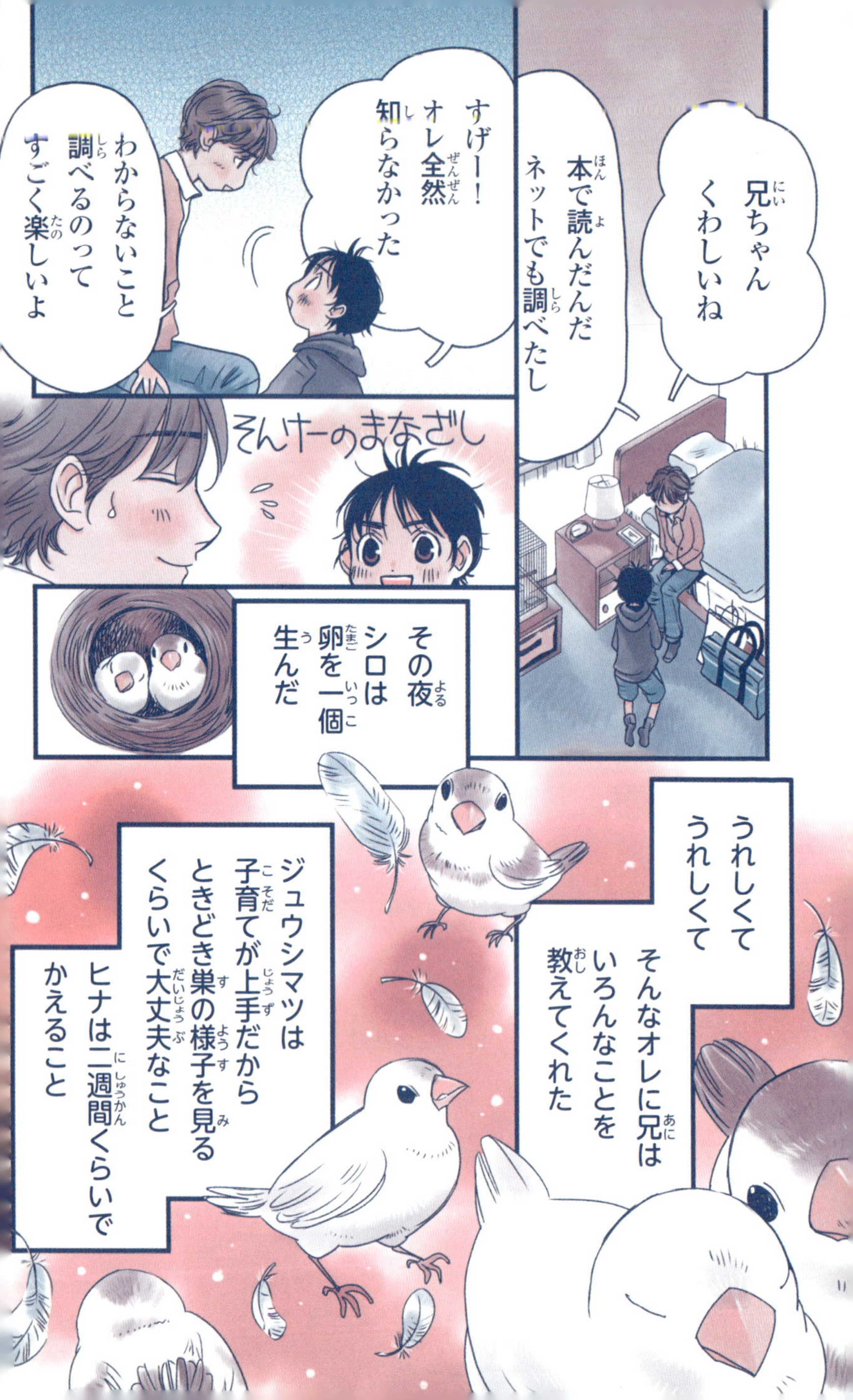

兄《にい》ちゃん くわしいね
本《ほん》で読《よ》んだんだ ネットでも調《しら》べたし
すげー！ オレ全然《ぜんぜん》知《し》らなかった
わからないこと 調《しら》べるのって すごく楽《たの》しいよ
そんけーのまなざし
その夜《よる》 シロは 卵《たまご》を一個《いっこ》 生《う》んだ
うれしくて うれしくて
そんなオレに兄《あに》は いろんなことを 教《おし》えてくれた
ジュウシマツは 子育《こそだ》てが上手《じょうず》だから ときどき巣《す》の様子《ようす》を見《み》る くらいで大丈夫《だいじょうぶ》なこと
ヒナは二週間《にしゅうかん》くらいで かえること

ヒナが育《そだ》つまではできるだけ静《しず》かに…
将太《しょうた》あまり無理《むり》しちゃダメよ横《よこ》になって
うんうん
圭太《けいた》頼《たの》みがあるんだ
なに？兄《にい》ちゃん
シロとブチと卵《たまご》の世話《せわ》をしてあげてほしいんだぼくの分《ぶん》まで
うん！任《まか》せて
がんばろ！
わからないことはオレが調《しら》べるから
うん！兄《にい》ちゃんが調《しら》べる係《かかり》でオレが世話《せわ》係《がかり》だね
十姉妹の飼育本
動物図鑑
そのとき気《き》づいたんだ

シロとブチのおかげで兄《あに》に対《たい》するわだかまりが消《き》えたこと
遠《とお》い存在《そんざい》だと思《おも》っていた兄《あに》が目《め》の前《まえ》にいて一緒《いっしょ》に笑《わら》ってる…
卵《たまご》が三個《さんこ》になってる！
本当《ほんとう》に一個《いっこ》ずつ生《う》むんだね！
それがとってもうれしいこと
圭太《けいた》「ジュウシマツ」ってどう書《か》くか知《し》ってる？
え？
知《し》らない
漢数字《かんすうじ》の「十《じゅう》」に「姉妹《しまい》」って書《か》くんだ

「姉妹《しまい》」みたいに
仲《なか》がいいからなんだって
ぼくたちも
なりたいと思《おも》ったんだ
元気《げんき》でスポーツができて
がんばり屋《や》の圭太《けいた》は
自慢《じまん》の弟《おとうと》だよ
そんなふうに
そ、そんな…
兄《にい》ちゃんこそ…
兄《にい》ちゃん!
ヒナが
かえってる!
ピィ
やった!

「頭《あたま》がよくって
やさしくて…
兄《にい》ちゃんこそ
オレの自慢《じまん》なんだ」
……って
あのとき照《て》れずに
しーっ
しー
言《い》えば
よかった
元気《げんき》なヒナたちが
止《と》まり木《ぎ》に
ぎゅうぎゅうになるころ
兄《あに》はふたたび入院《にゅういん》した—
—そして今《いま》
よし！
勉強《べんきょう》するか

わからないこと
調《しら》べるの
すごく楽《たの》しいよ
自慢《じまん》の兄《あに》に
勉強《べんきょう》する楽《たの》しさを
教《おし》えてもらった
兄《にい》ちゃんの分《ぶん》まで
がんばるよ
オレたちは
〝十姉妹《じゅうしまつ》〟みたいに
仲《なか》のいい兄弟《きょうだい》だから――
高
数学
今《いま》オレは医者《いしゃ》を
目指《めざ》してる

青空純物語《あおぞらじゅんものがたり》

第《だい》27話《わ》

涙《なみだ》の先《さき》に

手術《しゅじゅつ》を受《う》けることになったコロロ。純《じゅん》の願《ねが》いは届《とど》くのか。

今日《きょう》はとうとう
コロロの手術《しゅじゅつ》の日《ひ》
立花どうぶつ病院
では
お預《あず》かりしますね
大丈夫《だいじょうぶ》
御守
神様《かみさま》が
見守《みまも》って
くれてる
コロロを
よろしく
お願《ねが》いします
…がんばるんだよ
コロロ
…はい

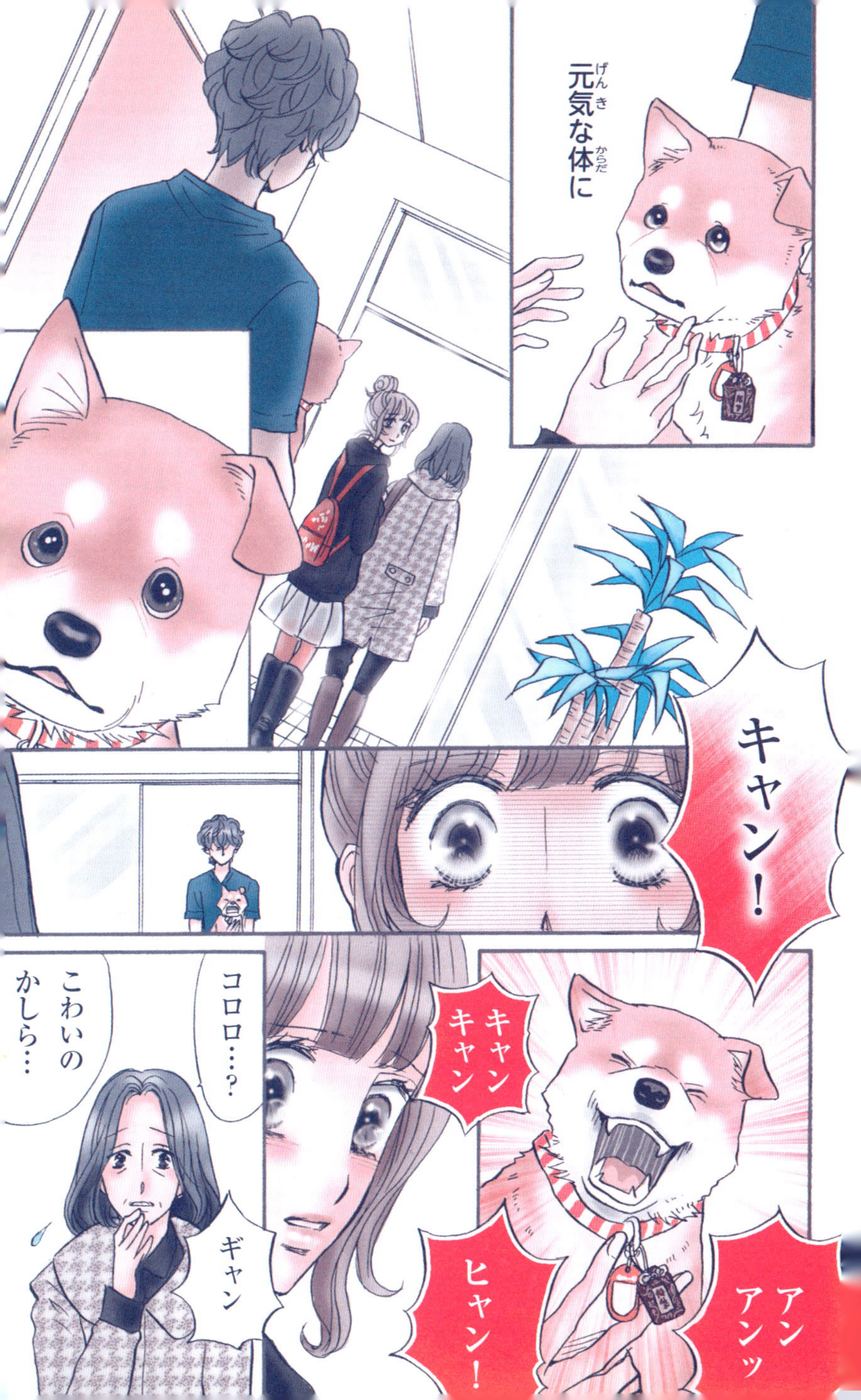
元気《げんき》な体《からだ》に
キャン！
キャンキャン
コロロ…？
こわいのかしら…
アンアンッ
ヒャン！
ギャン

いやだよ
純《じゅん》ちゃん!!
アン
アン
置《お》いて
いかないで!!
アン
置《お》いて
いかないで!!
アン
アン
コロロ
ちがうよ
バイバイじゃ
ないよ

病《びょう》気《き》を治《なお》して もらうの
だから
がんばろう コロロ
治《なお》ったら 今度《こんど》は本当《ほんとう》に ずーっと 一緒《いっしょ》だよ…？
じゃあ そろそろ 行《い》こうか
バタン
がんばれ コロロ———

待《ま》っている間《あいだ》は生《い》きた心地《ここち》がしなかった
手術《しゅじゅつ》は成功《せいこう》しても麻酔《ますい》から覚《さ》めないことも――……
冷《さ》めるよ 純《じゅん》
あっ…
カチャッ
大丈夫《だいじょうぶ》よ コロロは小《ちい》さいけど運《うん》はいいんだから
あなたに出会《であ》って救《すく》われた命《いのち》
あの子《こ》はそう簡単《かんたん》に手放《てばな》したりしないわ
コロロ…
うちに…来《く》る?
神様《かみさま》――
御守
ブー ブー
着信
立花どうぶつ病院

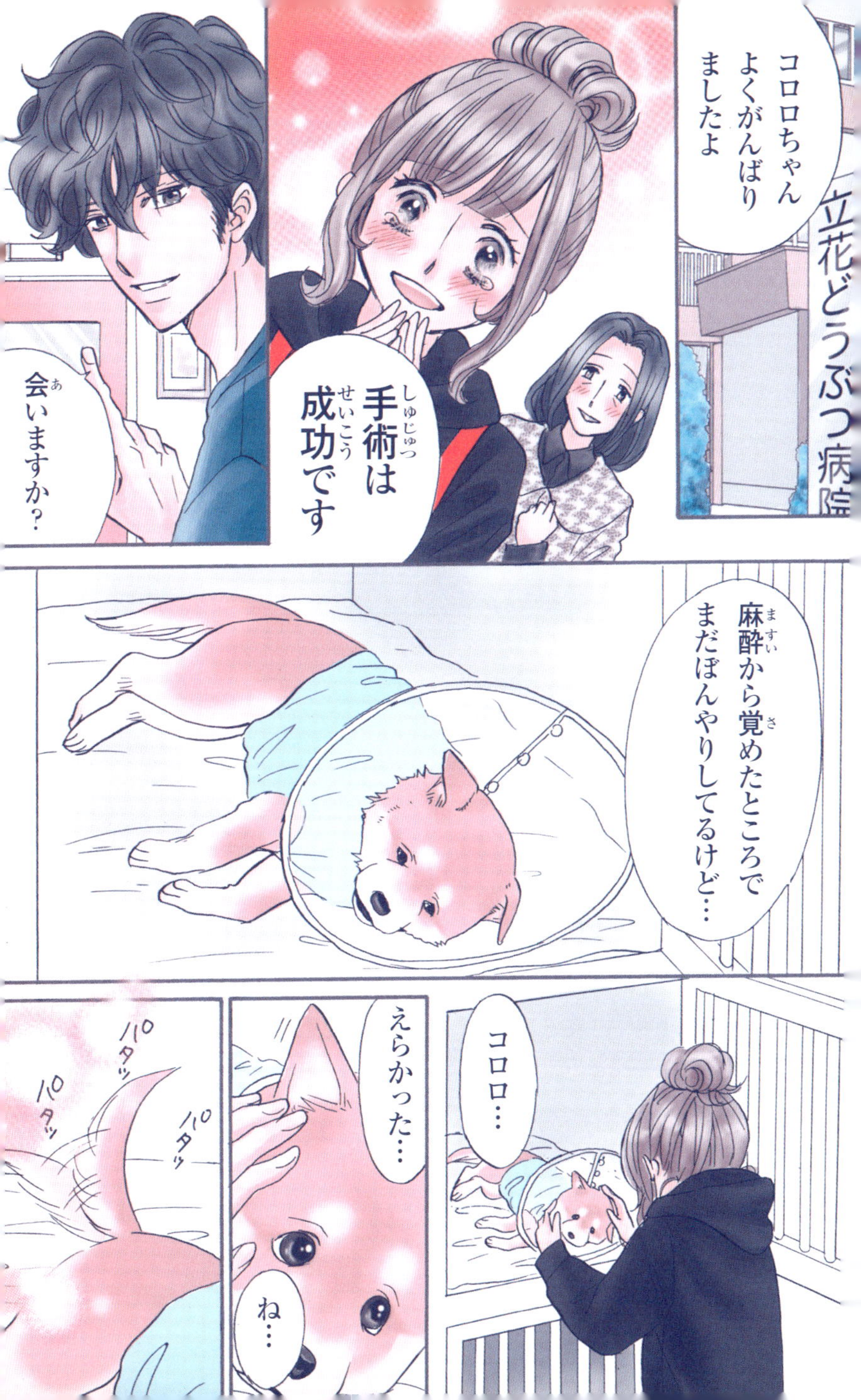

立花どうぶつ病院
コロロちゃんよくがんばりましたよ
手術《しゅじゅつ》は成功《せいこう》です
会《あ》いますか?
麻酔《ますい》から覚《さ》めたところでまだぼんやりしてるけど…
コロロ…
えらかった…
ね…
パタッ
パタッ
パタッ

純《じゅん》ちゃん
ハッ
ハッ
ボク
がんばったよ
…うん
よかった
コロロ――
心配《しんぱい》していた
手術後《しゅじゅつご》の発作《ほっさ》や
合併症《がっぺいしょう》もなく
コロロは
五日《いつか》入院《にゅういん》して
無事《ぶじ》に退院《たいいん》
お散歩《さんぽ》の
許可《きょか》が出《で》たので
今日《きょう》は神社《じんじゃ》に
お礼参《れいまい》りに来《き》ました

…そうですか
はい!
無事《ぶじ》に終《お》わりましたか
おめでとう
がんばったね
じゃあ わたし コロロと一緒《いっしょ》に 神様《かみさま》にお礼《れい》を言《い》ってきま…
ペロ
ちっ、ちがうよコロロッ わたしじゃなくて 神様《かみさま》に「ありがとう」って
ちょっ こらっ…
くすぐったいよ コロロ〜〜〜ッ
小《ちい》さい体《からだ》で がんばって コロロは病気《びょうき》を 乗《の》り越《こ》えました
これからも いろんなことが あるかも しれないけれど
そのたびに 一緒《いっしょ》に 乗《の》り越《こ》えて
ずっとずっと 一緒《いっしょ》にいようね ——コロロ

赤《あか》、オレンジ、黄色《きいろ》、みどり、
水色《みずいろ》、青《あお》、むらさき——

涙《なみだ》は無色透明《むしょくとうめい》だけど
涙《なみだ》があふれたときのキモチは
それぞれに色合《いろあ》いがちがって

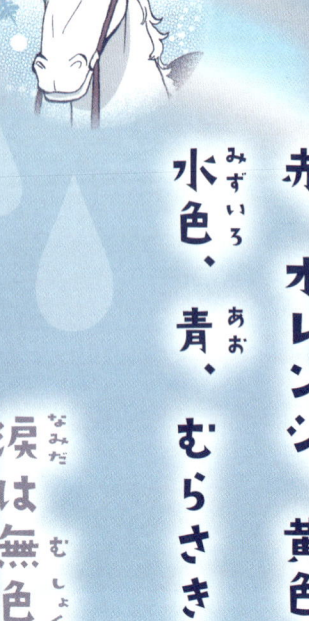

空《そら》に
七色《なないろ》の虹《にじ》をかける
その虹《にじ》を見上《みあ》げて思《おも》うんだ
涙《なみだ》は宝物《たからもの》だって

○カバーイラスト ――― 久木ゆづる（女の子と犬）　酒井だんごむし（ネコ）
○カバーデザイン ――― 棟保雅子
○マンガ ――― 桐丸ゆい　久木ゆづる　込由野しほ　酒井だんごむし
千秋ユウ　街村沙耶　松浦はこ　みやうち沙矢
茂呂おりえ　山野りんりん
○挿絵 ――― 天神うめまる
○ストーリー ――― ささきあり
○取材協力 ――― 中村亜矢子（第7話「ハナが教えてくれたこと」）
象のUNKO★elephant paper
https://m.facebook.com/zounounko.deppa
○手紙協力 ――― ささきあり　小林麻紀子　宮本麻耶　森 健司
○本文デザイン ――― チャダル108
○写真提供 ――― i Stock/Getty Images
○編集協力 ――― 舟川直美（ロビタ社）

★「ミラクルラブリー♡どうぶつ写真館」に登場してくれたどうぶつたち
アキ兄、アクア、アトム、カブ、キョウ兄、国芳、黒みつ、コフィ、ゴン、さくら、シャロン、ジョージ、タバサ、つくし、珠子、ちび、ニイ、ニコ、パール、ハチ、ハナ、パンチ、針村たわ子、ピーター・ラファイル、ピロン、フルット、まこ、まちこ、ママちゃん、マロン、ミロン、ムック、モンちゃん、優太、ユキ、ラピス、リム、レオ

ミラクルラブリー♡
感動《かんどう》のどうぶつ物語《ものがたり》 涙《なみだ》は宝物《たからもの》

2016年4月15日発行　第1版
2018年9月30日発行　第1版　第7刷
●編著者――青空 純［あおぞら じゅん］
●発行者――若松 和紀
●発行所――株式会社西東社《せいとうしゃ》
〒113-0034 東京都文京区湯島2-3-13
営業部：TEL（03）5800-3120　FAX（03）5800-3128
編集部：TEL（03）5800-3121　FAX（03）5800-3125
URL：http://www.seitosha.co.jp/

ISBN978-4-7916-2491-1